MI PRIMER LIBRO DE REIKI

PHILIP JONES

Mi primer libro de Reiki

La energía sanadora del reiki en tus manos

KEPLER

Argentina – Chile – Colombia – España
Estados Unidos – México – Perú – Uruguay

Título original: *Reiki Plain & Simple – The only book you'll ever need*
Editor original: Hampton Roads Publishing Company, Inc., Virginia
Traducción: Rosa Arruti
Ilustraciones: Nuria R. Artuñedo

1.ª edición Mayo 2021

ISBN: 978-84-16344-51-2
E-ISBN: 978-84-177981-68-6
Depósito legal: B-4.570-2021

Fotocomposición: Ediciones Urano, S.A.U.

Impreso por: Rodesa, S.A. – Polígono Industrial San Miguel
Parcelas E7-E8 – 31132 Villatuerta (Navarra)

Impreso en España – *Printed in Spain*

Dedico este libro a la verdad espiritual,
al reiki, a Mikao Usui
y a todos los estudiantes de reiki.

ÍNDICE

INVOCACIÓN 11

AGRADECIMIENTOS 13

INTRODUCCIÓN 15

  1. ORÍGENES DEL REIKI 23

  2. LOS CINCO PRINCIPIOS DEL REIKI 33

  3. ENCONTRAR UN MAESTRO 39

  4. SINTONIZACIONES 45

  5. LAS DOCE POSICIONES BÁSICAS DE MANOS
     PARA LA AUTOCURACIÓN 55

  6. LA LIMPIEZA DE VEINTIÚN DÍAS 71

  7. TRATAMIENTOS DE REIKI APLICADOS
     A OTRAS PERSONAS 77

  8. LAS DOCE POSICIONES BÁSICAS DE MANOS
     PARA CURAR A OTROS 89

  9. LOS TRATAMIENTOS DE REIKI DE MIKAO USUI 111

10. EL PRIMER GRADO DE REIKI: *SHODEN* 117

11. EL SEGUNDO GRADO DE REIKI: *OKUDEN* 123

12. EL TERCER GRADO DE REIKI: *SHINPIDEN* 129

13. MÉTODOS DE REIKI 131

CONCLUSIÓN 151

INVOCACIÓN

Que este libro aporte luz en momentos de oscuridad y sea el puente sobre el río de la ignorancia que te conduzca hasta la autorrealización personal mediante el chakra de la flor de loto y del amor.

AGRADECIMIENTOS

Gracias a mi pareja, Cerlin, y a mi hijo Jacob, por toda su ayuda y apoyo, amor, fe, consejos y paciencia, y a mis padres y familia por su trabajo duro y amor, su tolerancia y apoyo.

Quiero expresar mi agradecimiento a todos mis familiares y amigos que me han dado apoyo y han respaldado mi trabajo espiritual y curativo a lo largo de los años. Sin vuestras aportaciones, este libro no se habría escrito.

Mi especial gratitud a Simon y también a Sarah Blair y familia por todo su cariño y amable respaldo.

Gracias a Chris por ser un peldaño en la creación de esta obra.

INTRODUCCIÓN

¿Qué es el reiki?

El reiki es un sistema espiritual japonés que se emplea como método de autosanación y curación de otras personas, además de como herramienta de desarrollo espiritual. Para que surta efecto se combinan dos procesos: el primero consiste en recibir iniciaciones reiki, las cuales abren tus canales energéticos y te conectan con tu energía espiritual; el segundo requiere emplear técnicas sencillas con tus manos, ojos y voluntad para lograr canalizar la energía hacia una persona enferma o bien aprovecharla en tu propio crecimiento espiritual. Los estudiantes de reiki deberían seguir pasos concretos para su preparación en esta disciplina. El reiki incluye además métodos específicos que difieren de los planteamientos de curación espiritual o curación a través de la fe practicados por otros sanadores, canalizadores y médiums a nivel mundial.

Este libro no reemplazará el proceso de iniciación, ya que hay cierta información que solo puede adquirirse a través del mismo, información que no va a incluirse aquí. El cometido de este libro es facilitarte una buena toma de contacto con el poder curativo del reiki y ayudarte a canalizar tu intención sanadora.

En la actualidad la palabra «intención» se repite con cierta frecuencia en libros de sanación, y resulta obvio que está desarrollando un nuevo significado con el que no todo el mundo está familiarizado. La intención en este contexto no significa que alguien esté *planeando* hacer algo, significa más bien que alguien *piensa* en hacer algo bueno, valioso y deseable.

Los estudiantes de reiki reciben iniciaciones de los maestros de reiki con objeto tanto de despertar a la energía universal como de estar conectados a la misma. El proceso de conexión abre sus canales energéticos al reiki, vinculando a los alumnos con su fundador, Mikao Usui. Esta «unión energética» actúa como protección, así como orientación invisible para los estudiantes cuando emplean el reiki y trabajan con él.

Para curar con reiki, el terapeuta coloca las palmas de sus manos sobre la persona enferma, permitiendo así que fluya la energía hacia el interior del paciente. Los terapeutas no necesitan intervenir en el proceso de canalización del reiki, pues este fluye automáticamente a través de ellos una vez sus canales se han abierto y tienen la intención de sanar. Se limitan a colocar las manos en unas posiciones específicas sobre un paciente y permiten que la energía haga su trabajo. Los terapeutas no precisan visualizar nada mientras emplean el reiki; pueden limitarse a permanecer en el momento presente o concentrar la mente en el *hara* de su abdomen inferior.

El *hara* es una zona energética situada tres dedos por debajo del ombligo y dos centímetros y medio en el interior del abdomen. Concentrarse en esta zona permite a la mente permanecer sosegada, y ayuda a acumular grandes cantidades de energía en el cuerpo durante el tratamiento. A medida que los terapeutas adquieren experiencia, se alejan de las posiciones sistemáticas de manos (las encontrarás más adelante en este libro), pues el reiki orienta a los sanadores para que empleen las manos como sensores de energía. Este sistema permite percibir desequilibrios energéticos en una persona enferma. También permite que la conciencia del reiki desplace las manos del terapeuta sobre el paciente o en torno a él, sin que interfieran los criterios mentales ni los egos de los sanadores. Este método se enseña a todos los nuevos alumnos del primer nivel de reiki, no obstante, dominarlo requiere tiempo, práctica y confianza en uno mismo. Esta aptitud se activa mediante el empoderamiento o capacitación reiki.

El reiki es mucho más que un sistema curativo, ya que sirve también para desarrollar una plena conciencia espiritual que te ayudará a llevar una vida feliz. En esto consistía la enseñanza fundamental de Mikao Usui. Los empoderamientos espirituales regulares, la limpieza de veintiún días mediante imposición de manos, las meditaciones, los ejercicios respiratorios, las visualizaciones, los mantras, los símbolos místicos y los cinco preceptos del reiki son los aspectos que lo hacen único como sistema curativo y espiritual.

La palabra «reiki» se compone de dos caracteres del *kanji* japonés (el *kanji* es un antiguo sistema japonés de escritura). El primer carácter, *rei*, significa «espiritual» o «alma». El segundo, *ki*, significa «energía», consistente en las fuerzas vitales de la tierra y del universo. Por consiguiente, en japonés la palabra «reiki» significa «energía espiritual o del alma». No obstante, en Occidente, la palabra «reiki» se entiende generalmente como «energía de la fuerza vital universal», gracias a Hawayo Takata, una maestra de reiki que introdujo esta disciplina en Occidente. En su opinión, el reiki contenía una energía universal o energía de la fuerza vital.

A fecha de hoy se sabe muy poco de la naturaleza y orígenes de esta energía espiritual, pero lo que sí sabemos es que se dio a conocer a un público más mayoritario gracias al duro trabajo, el afán y el gran corazón de Mikao Usui. Por consiguiente, todas las distintas escuelas de reiki —tradicionales o no tradicionales— se inspiran inevitablemente en el fundador, Mikao Usui. Usui era un budista que vivió en una época durante la cual budismo y sintoismo se practicaban conjuntamente. También practicó y estudió multitud de disciplinas místicas diferentes, así como artes marciales y un sistema para cultivar y dominar la energía llamado *kiko*.

Según cuentan, Usui estudió los sutras budistas (los discursos de Buda), los cuales le propiciaron experiencias espirituales y el despertar del reiki. Sabemos también que algunos de los símbolos y mantras del sistema reiki proceden tanto del budismo japonés como del sintoísmo. Otros proceden del sánscrito, un antiguo idioma de la India con más de dos mil años de antigüedad. Por consiguiente, podemos decir que, aparte de Usui, el reiki o energía espiritual se remonta hasta Buda, los dioses shinto, los primeros místicos indios y la mismísima fuente de luz. No hablo del sistema reiki en sí, sino del flujo de energía representado por la palabra «reiki».

El maestro de reiki Mikao Usui (1865-1926)

Podemos emplear los métodos reiki para acceder a la energía espiritual, cultivándola y utilizándola para que todo ser humano descubra su verdadero yo sin consideraciones de cultura, color, credo o religión. Esto se conoce como «autorrealización», y es el primer estadio de descubrimiento personal, cuando uno comprende quién es de verdad. Esta autorrealización o iluminación crece de forma gradual en una persona, reflejando la luz a través de su corazón para compartirla con el mundo. No tiene que ver solo con estados de paz, sino con cortar el cordón de la ignorancia para así llegar a sentir la verdad espiritual y el amor en su esencia pura e informe.

Mikao Usui sirvió de catalizador de la luz, permitiendo que el mundo contara con un canal y un soporte de esa luz, haciéndola accesible mediante un mero contacto, un pensamiento o una mirada. Enseñó métodos que aportaban conciencia espiritual, verdad, conocimiento, sanación y amor a todos los seres. Estos métodos crearían una onda de luz sobre el mundo que ayudaría a desarrollar la evolución espiritual de cada ser sobre la tierra.

El método de enseñanza de Usui era flexible, ya que cada persona recibía formación para adaptarla a sus necesidades y capacidades. No había un plazo definido de tiempo para cada nivel; cuando Usui pensaba que los alumnos estaban preparados para pasar al siguiente grado, los iniciaba en el mismo. Dominar los métodos y la energía de varios niveles podía llevar desde pocos meses hasta cinco o diez años según el alumno. No obstante, cuando el reiki llegó a Occidente, se desarrolló un sistema para garantizar que los alumnos contaran con una experiencia de al menos tres o seis meses en un nivel antes de pasar al siguiente. Este sistema crea una base sólida. Por desgracia, hoy en día en Occidente esto no pasa en todos los cursos de formación, ya que hay talleres de reiki de primer y segundo nivel que se imparten juntos durante un fin de semana. Desde mi punto de vista, esto dificulta que el alumno pueda asimilar la energía y las enseñanzas de una manera pura y simple. No deja espacio ni tiempo para desarrollar, cultivar y experimentar las diferentes energías y métodos. Creo que, con un poco de tiempo y paciencia, un estudiante de reiki puede adquirir una gran experiencia personal y espiritual. La paciencia es una de las cualidades fundamentales que deben desarrollar todos los maestros y alumnos que siguen el camino espiritual.

Es interesante advertir que en épocas antiguas el sistema reiki recibió muchos nombres diferentes. Usui, de hecho, no le dio nombre alguno, pero según el epitafio en su lápida, se refirió a él como *reiho*, que significa «métodos espirituales».

Los métodos espirituales referidos en este libro se han elegido expresamente para ayudarte en tu camino de amor, luz, sanación y conocimiento personal.

1

ORÍGENES DEL REIKI

¿Qué es lo que convierte al reiki en algo único? Esta pregunta se la plantea mucha gente en el ámbito de la sanación alternativa.

La primera respuesta, y la más obvia, es que el reiki lo fundó e introdujo al mundo Mikao Usui, un monje lego budista de origen japonés que dominaba las artes marciales, el desarrollo de la energía y otras muchas prácticas y métodos sanadores del budismo y el sintoísmo. Fue la culminación de sus esfuerzos, su conocimiento, compasión y naturaleza gentil lo que propició que este sistema se creara. Por consiguiente, todas las escuelas de reiki deberían remontarse a sus orígenes en Japón y a Mikao Usui. A esto se lo denomina «linaje rciki», y todos los estudiantes, sean conscientes o no, forman parte de esta ascendencia de maestros y estudiantes que se prolonga hasta la época de Mikao Usui.

El linaje reiki es algo más profundo que los simples vínculos históricos, pues cuenta con una «conexión energética» (por ejemplo, una conexión con la energía espiritual llamada «reiki»). Es dicha conexión y la iniciación entre el maestro y el alumno lo que distinguen al reiki de otros sistemas de curación.

Linaje reiki

Mikao Usui

Mikao Usui nació el 15 de agosto de 1865 en un pueblo antiguamente llamado Tania Mura (ahora conocido como Miyama-Cho) en el distrito Yamagata de Gifu, sito en la antigua capital japonesa de Kyoto.

Su padre se llamaba Taneuji, pero todos lo conocían como Uzaemon. Su madre pertenecía a la familia Kawai. Tuvieron una hija y dos hijos, y eran una familia budista tendai. Usui se casó con Suzuki Sadako y tuvieron dos hijos, una niña llamada Fuji y un niño llamado Toshiko. Mikao Usui era un tipo grande y robusto, tenaz, amable, modesto y tolerante. De naturaleza práctica, se tomaba con suma meticulosidad sus tareas.

Usui se inició aún muy joven en las artes marciales y el *kiko* (perfeccionamiento de la energía) al entrar en el monasterio budista tendai cercano al monte Kurama. Desde los doce años estudió y se formó en un arte marcial particular que se denomina *yagyu ryu*, un sistema samurái de destreza en el manejo de la espada. Se volvió muy competente en este arte y alcanzó el nivel conocido como *menkyo kaiden* antes de cumplir los treinta años. Usui practicaba otras muchas artes japonesas antiguas en las que también alcanzó un alto nivel de habilidad, llegando a ser muy conocido y respetado por otros practicantes y maestros de artes marciales de alto nivel en su época.

A comienzos de 1922, Usui se formó en budismo Zen durante tres años. Fue también entonces cuando Usui estableció su primer centro y grupo de sanación en Harajuku, ofreciendo formación y sanación de reiki *ryoho*, el método espiritual de reiki. Este centro se llamaba Reiki Ryoho Gakkai. En 1923, un gran terremoto dejó muchas víctimas mortales y heridos en Japón. Tras el seísmo, Mikao Usui salía a diario para atender y ayudar con sus terapias a los heridos. Cuentan que salvó muchas vidas durante esta fatídica época.

Ya mayor, visitó Europa y América, y estudió en China. De naturaleza versátil y creativa, le encantaba leer libros de todo tipo. Estudió historia y medicina, escritos sagrados budistas y cristianos, así como psicología, taoísmo, adivinación, conjuros y fisonomía. Toda su experiencia y conocimiento de la vida sin duda le influyó y animó a descubrir su camino espiritual y el sistema reiki.

Hiroshi Doi, en otro tiempo miembro del centro Reiki Ryoho Gakkai de Usui y una figura influyente en el mundo actual del reiki, dice que el objetivo primordial de Mikao Usui en la vida fue buscar la iluminación y ponerla en práctica en el mundo, al servicio de la humanidad. Con este fin, Usui se fue al monte Kurama en Kyoto, donde ayunó y meditó durante veintiún días. El vigesimoprimer día, de pronto, notó un gran reiki sobre su cabeza, y en ese momento alcanzó finalmente la iluminación.

A medida que crecía su fama, fue invitado a hablar en muchos lugares, donde demostraba lo que había aprendido. Al final llegó a la ciudad de Fukuyama, donde sufrió un infarto, falleciendo de forma inesperada el 9 de marzo de 1926.

Dr. Churijo Hayashi

Nacido en 1878, el médico Churijo Hayashi había servido como oficial de marina cuando, ya retirado, a los cuarenta y siete años decidió pasar un año formándose con Mikao Usui. Tras ser miembro del Reiki Ryoho Gakkai de Usui, el doctor Hayashi montó en 1932 su propia clínica y sociedad. También anotó por escrito los detalles de todos los tratamientos y métodos del sistema reiki en una guía de curación que llamó *Ryôhô Shishin*. Gracias a la investigación y experiencia médica del doctor Hayashi se establecieron las doce posiciones básicas de manos. Pese a contar con esta guía de sanación, Hayashi esperaba que sus alumnos fueran competentes en una exploración avanzada (mediante la ayuda de la orientación espiritual del reiki para percibir qué aqueja al paciente) y en métodos de curación intuitiva.

Japón estaba a punto de entrar en la Segunda Guerra Mundial, y se esperaba que el doctor Hayashi, como antiguo oficial de marina, respaldara la campaña bélica, cosa que no hizo: él no quería participar en la guerra, quitándose por desgracia la vida el 10 de mayo de 1940.

Hawayo Takata

Nacida en Hawaii en 1900, Hawayo Takata era una viuda japonesa-americana con dos niños que se había trasladado a vivir a Japón, donde entró en contacto con el reiki por primera vez en 1933. Takata padecía depresión y tenía un tumor, junto con otras muchas dolencias. Su médico le dijo que tendría que someterse a cirugía para extirparse dicho tumor. Estando en el quirófano a punto de ser operada, oyó a su difunto marido diciéndole repetidamente: «La operación no es necesaria. La operación no es necesaria». Suspendió la cirugía y luego preguntó al cirujano si podía recomendarle algún terapeuta que empleara métodos tradicionales de sanación. Un familiar del médico había recibido tratamiento con buenos resultados en la clínica del doctor Hayashi, así que mandó allí a su paciente.

Takata fue a la clínica del doctor Hayashi y recibió terapia diaria de reiki de tres sanadores durante varios meses. Al principio albergaba bastantes dudas respecto al método de curación con las palmas de las manos, pero acabó intrigada por la cantidad de calor que los sanadores le proporcionaban y la sensación de bienestar que esto parecía producir en ella. Tras varios meses de tratamiento, Takata volvía a sentirse bien. Como era natural, su interés por el reiki y la imposición de manos creció, y sintió deseos de aprender tal práctica. Se instaló con el doctor Hayashi y su familia y se formó en el sistema durante más de un año. Entonces regresó a Hawaii, donde empezó a impartir tratamientos de reiki. Consciente de que la guerra entre Estados Unidos y Japón era inevitable, Takata regresó a Japón y en 1938 el doctor Hayashi la inició como maestra de reiki. Finalmente volvió a Hawaii y estableció allí una clínica de reiki, formando a veintiuna personas más como maestros de reiki antes de su fallecimiento el 12 de diciembre de 1980.

La nieta de Takata, Phyllis Lei Furumoto y la doctora Barbara Weber Ray continuaron con el sistema Usui Shiki Ryoho de reiki. Finalmente, Furumoto fue elegida sucesora de Takata en la dirección del sistema Usui de reiki.

¿Qué hace que el reiki sea tan extraordinario?

Los métodos descritos a continuación convierten al reiki en algo excepcional y lo distinguen de otras formas de curación.

Iniciaciones reiki

Las iniciaciones reiki se llaman en Occidente «sintonizaciones» y *reiju* en Japón. Los alumnos no practican reiki a menos que reciban estos antiguos procesos de sintonización de un maestro de reiki. Mikao Usui realizaba regularmente estos empoderamientos *reiju* o sintonizaciones con sus alumnos. Las sintonizaciones transmitían el reiki, y abrían y habilitaban puntos y canales energéticos concretos en los alumnos, permitiendo a estos acceder al reiki cuando quisieran. Estas iniciaciones son las que conectan al estudiante de reiki con Usui para el resto de la vida.

Cualquiera puede acceder al reiki, pues no es preciso que los alumnos estén familiarizados con alguna otra forma de terapia energética o curativa ni que sean especialmente espirituales o religiosos. Los estudiantes pueden creer en la energía espiritual o no, pero de un modo u otro el proceso de sintonización / *reiju* se activará y hará lo que debe hacer. El reiki no juzga, su cualidad compasiva le permite aceptar a todos los seres obviando creencias, experiencia, fe, raza o posición. El proceso de sintonización / *reiju* se ha transmitido a lo largo de los años, empezando por el fundador, Usui, hasta nuestros días. Es este proceso lo que permite que cada persona se abra al reiki y reciba su poder.

Limpieza de veintiún días por imposición de manos

Otro aspecto que diferencia el reiki de otros sistemas curativos es la limpieza de veintiún días por imposición de manos. Esta limpieza sanadora sirve para garantizar que vayas a experimentar el reiki durante un periodo prolongado, más allá de los dos días en que recibas formación. A diario, durante una hora de estos veintiún días, debes aplicarte reiki terapéutico empleando las doce posiciones básicas de curación con las manos. Esto brinda al reiki una verdadera oportunidad de abrir tus canales energéticos interiores y trabajar en tu cuerpo, emociones y mente. Este proceso elimina bloqueos internos que pueden manifestarse en forma de reacciones mentales, emocionales o corporales, y aporta equilibrio y armonía. Te sentirás más feliz y más tranquilo, y a la vez te brindará una base firme para ofrecer curación al prójimo.

Símbolos reiki y meditación

Los símbolos místicos reiki son sagrados y no vamos a revelarlos en este libro. Los símbolos suelen introducirse en el segundo nivel del sistema reiki. En mi opinión, el uso de los símbolos es la ciencia del reiki. Hay cuatro símbolos originales japoneses. Dos de los símbolos están en sánscrito antiguo y los otros dos son caracteres *kanji*. Permiten al estudiante acceder a estados de conciencia espirituales y a cualidades energéticas específicas. Usui introdujo los símbolos en el sistema reiki para aquellos alumnos que encontraban dificultades en salmodiar y meditar empleando mantras *kotodama* (espíritu de la palabra). Estos símbolos también pueden emplearse para aportar a los pacientes estas mismas cualidades y energías durante la curación.

Dentro del sistema reiki existen muchas clases de meditación, algunas de las cuales te permitirán generar más reiki en tu cuerpo y alma, logrando así un alma más poderosa, una mente más tranquila y emociones más equilibradas. Además, hay meditaciones concebidas para desarrollar diferentes cualidades de energía y estados espirituales superiores, formando una unidad con ellos. Estos métodos tienen su origen en el budismo, el sintoísmo y el *kiko*, que es la práctica japonesa para dominar y cultivar la energía.

Mantras reiki y *kotodama*

Los mantras reiki también se introducen en el segundo nivel. Los mantras son palabras antiguas que se entonan cierto número de veces para invocar vibraciones divinas tanto en el cuerpo como en el corazón y en la conciencia espiritual. Estos mantras proporcionan un rápido acceso al poder de los símbolos reiki.

Los *kotodamas* son mantras muy antiguos que pueden entonarse por separado, independientemente de los símbolos reiki, y aun así utilizarse para acceder al mismo poder que los símbolos. También en este caso, los mantras y los *kotodamas* pueden cantarse mentalmente durante la curación para invocar sus cualidades energéticas en tu paciente.

Para aprender los mantras y símbolos de forma correcta, precisas estudiar con un maestro en un seminario de segundo nivel de reiki, en algún momento tras finalizar el primer nivel.

Todos estos elementos del sistema reiki de Mikao Usui lo hacen tan excepcional en comparación con otros sistemas curativos y espirituales.

2

LOS CINCO PRINCIPIOS DEL REIKI

Los cinco principios del reiki son la verdadera base del sistema de reiki Usui. Estos preceptos te permiten llevar una vida feliz, saludable, apacible y espiritual. Aunque no practicaras ninguno de los otros métodos incorporados al sistema Usui de reiki y solo practicaras los cinco principios a diario, avanzarías muy rápido en tu camino espiritual hacia la verdad. Esto demuestra sin duda lo poderosos que son estos preceptos.

Los cinco principios se llaman los *gokai*, y en la lápida de Usui aparecen escritos de la siguiente manera:

招福の秘法
萬病の靈薬

今日丈けは　怒るな
心配すな　感謝して
業をはげめ　人に親切に
朝夕合掌して心に念じ
口に唱へよ

心身改善
臼井靈氣療法

肇祖
臼井甕男

Traducido, el mensaje tiene esta presentación:

El arte secreto de procurar la felicidad mediante muchas bendiciones, la medicina espiritual para muchas dolencias.

Solo por hoy:	*Kyo dake wa:*
No te irrites	*Okoru na*
No te preocupes	*Shinpai suna*
Sé agradecido	*Kansha shite*
Trabaja diligentemente	*Gyo o hage me*
Sé amable con los demás	*Hito ni shinsetsu ni*

Por la mañana y por la noche, siéntate en la postura *gasshô*. Con este fin, te arrodillas y te sientas sobre los talones, para luego colocar las manos juntas como si rezaras. Repite en voz alta, y recita con el corazón: «Para la mejora de mente y cuerpo».

Método de Sanación Espiritual Usui
El fundador: Mikao Usui

Entre los estudiosos del reiki se especula sobre el origen de los principios de Usui. Es posible que se trate de adaptaciones de textos religiosos japoneses más antiguos, anteriores a él. Usui dio gran importancia a la práctica de estos principios por considerarlos una manera de procurar felicidad y bendiciones para nuestras vidas. Según Usui, son la medicina espiritual de cualquier enfermedad, y deberían practicarse a diario para mejorar nuestro cuerpo y mente.

Practicar los principios del reiki

Puedes practicar los cinco preceptos empleando el procedimiento esbozado en la lápida de Usui:

1. Busca un lugar privado en tu casa o aprovecha uno que ya emplees habitualmente para meditar.
2. Arrodíllate con los pies recogidos bajo tu cuerpo o siéntate con las piernas cruzadas.
3. Pide mentalmente que el reiki acuda a ti, y luego percibe el flujo de la delicada energía.
4. Pon las manos en posición de orar (*gasshô*) a la altura del corazón (como aparece en la página 37).
5. Repite los cinco preceptos en voz alta, poniendo el corazón en lo que dices y meditando al respecto. Si te resulta difícil repetir los preceptos en voz alta, puedes pronunciarlos más bajo o sencillamente pensarlos.

6. Practica este ritual durante cinco minutos por la mañana
    y por la noche.

Esta rutina te hará ser más consciente de tus acciones y
pensamientos. Estás inculcando un hábito positivo a tu corazón y tu subconsciente. La práctica empezará a impregnar
tu vida diaria: te preocuparás menos por los asuntos sin importancia, no te irritarás ni reaccionarás de forma exagerada
por situaciones que parecen fuera de tu control.

Nota: Ten paciencia y no seas exigente contigo mismo cuando practiques este método; es posible que seas consciente del extremismo de tus pensamientos y emociones durante un rato.

3

ENCONTRAR UN MAESTRO

Encontrar un maestro apropiado de reiki puede llevar un tiempo. En ocasiones, un maestro te parecerá idóneo al principio, pero tras una temporada quizá te apetezca buscar otro. No pasa nada, siempre que profundices en tu conocimiento y práctica, mantengas una visión espiritual y respetes a todos quienes te facilitan información. Intenta no convertirte en un adicto a las experiencias espirituales, en busca de una tras otra, porque solo conseguirás acabar confundido y desilusionado. Yo me he formado con tres maestros de reiki a lo largo de los años, y cada uno de ellos me ha enseñado algo que merecía la pena, aportando a mi vida cierto grado de comprensión espiritual y otros dones. Cada maestro apareció cuando más lo necesitaba.

Encontrar el maestro apropiado es un proceso de ensayo y error, por lo tanto, recomiendo leer sobre el tema, consultar internet, acudir a un par de charlas de introducción al reiki o recibir un tratamiento. Aunque solo sea una breve sesión en una reunión de demostración, puede ser suficiente y resultar alentador. Sobre todo, presta atención a lo que te diga tu corazón. Pregúntate si cierto maestro parece conveniente para ti y si tú lo eres para él. Recuerda, tener el título de «maestro de reiki» no garantiza que esa persona sea lúcida o más espiritual que tú. Las únicas diferencias entre tú y un maestro de reiki son el conocimiento y la práctica. Puede parecerte que un maestro se ha presentado en tu vida cuando menos lo esperabas y sin suponerte demasiado esfuerzo. Incluso así, no des por supuesto que es perfecto para ti, intenta mantener más bien un nivel de criterio y sentido común, así como actitud abierta y buen corazón.

Todo el mundo sin excepción puede aprender reiki, sea cual sea su religión, credo o experiencia. Lo único que necesitas de veras es el deseo de estudiar, practicar y recibir los empoderamientos. Por encima de todo, mantén el corazón abierto. Aunque no creas en la «energía sutil» o el «conocimiento esotérico», el hecho de estar leyendo este libro significa que el reiki te afecta de alguna manera y que tu corazón se abre en cierto grado, tanto si eres consciente como si no.

Si decides continuar adelante con el estudio del reiki, descubrirás que al cabo de tan solo dos días de formación en el primer nivel, tus canales reiki se abrirán y seguirán abiertos de por vida. Tu maestro te facilitará una serie de herramientas personales para proporcionarte curación a ti mismo y a los demás de un modo sistemático. Además, descubrirás ejercicios de meditación y respiración adecuados para desarrollar y acumular el reiki, y también principios que contribuyen a llevar una vida tranquila.

Curso de reiki en grupo

Una vez encuentres un maestro de reiki en quien confíes, lánzate. Los recién llegados empiezan por el primer grado, aunque algunas personas enseñan el primer y segundo grado conjuntamente durante un fin de semana. El tamaño del grupo depende del maestro y de las instalaciones disponibles. Mi formación personal siempre tuvo lugar en grupos de entre cinco y ocho personas. Sin embargo, cuando alcancé los niveles más altos —el tercer grado y el grado de maestría— el grupo solía reducirse a una o dos personas. En Japón, en ocasiones se forman grandes grupos que llenan salones, y los empoderamientos tienen lugar de manera simultánea para todos los presentes.

Por regla general, la sesión en grupo empieza con una técnica llamada «reiki *mawashi*», que significa «círculo de energía».

Es una manera genial de empezar un curso, ya que la energía reiki se transmite por todo el círculo a través de las manos de cada persona. Este proceso elimina tensión y ansiedad, es muy relajante y puede significar el inicio de un proceso de curación para algunos alumnos. Cada estudiante ofrece un breve esbozo de cómo y por qué ha decidido participar en el curso de reiki. Los grupos, por lo general, son muy relajados, informativos y ofrecen un buen apoyo. Además resultan prácticos, ya que siempre hay tiempo para un turno de preguntas y respuestas.

Iniciación

El maestro de reiki emplea la antigua iniciación japonesa para abrir los puntos y canales de energía del estudiante de reiki. Estas iniciaciones tienen su origen en antiguos empoderamientos budistas, pero no necesitas serlo para recibirlos. En Occidente, hablamos de «sintonización reiki», pero las iniciaciones japonesas se llaman *reiju*, que significa «regalo espiritual». Una vez has recibido la iniciación reiki, tienes un canal abierto al reiki de por vida.

No voy a describir en detalle en este libro el proceso de sintonización en sí porque solo se enseña a los alumnos del nivel superior de maestría, aquellos que creen que el camino en su vida es enseñar reiki tras finalizar todos los demás niveles. Maestros de todo el mundo aplican sutiles diferencias en sus métodos.

Cuanto más practicas reiki, más se abre y fortalece tu canal, reforzándose por consiguiente tu conexión con la fuente espiritual y permitiéndote acceder a un nivel superior y a una mayor cantidad de energía espiritual. Aunque decidas dejar la práctica durante unos años después de tu formación inicial, seguirás teniendo acceso al reiki si decides volver a emplearlo. Los estudiantes que han dejado de lado su reiki durante un largo periodo tienen luego dudas sobre su propia conexión reiki y su capacidad sanadora, pero no tardan en percatarse de que esta no ha desaparecido y que la conexión sigue ahí. Si te sucede algo así, sugiero que te des el gusto de asistir a un taller de reiki o de participar en un grupo de intercambio. De esta manera, puedes practicar la sanación y meditación y recibir de nuevo una iniciación, simplemente para reforzar tu conexión y fe en el canal que te conecta con el reiki.

4
SINTONIZACIONES

El proceso occidental de sintonización puede prolongarse excesivamente, y si eres el último de tu grupo de reiki en recibirlo tal vez la sesión te resulte interminable. Tú y todos los demás alumnos del grupo debéis ocupar vuestras sillas formando un círculo, sentados de cara al exterior del corro. Un maestro de reiki os irá explicando con antelación lo que va a hacer y lo que vosotros debéis hacer, y luego facilitará a cada alumno su primera sintonización a título individual.

El grupo de alumnos adoptará una postura de meditación llamada *gasshô*, consistente en juntar las manos a la altura de la zona del corazón en posición de orar. El maestro de reiki colocará las manos con delicadeza en ciertas áreas alrededor de la cabeza y tronco superior de los estudiantes mientras sigue una práctica meditativa. Mediante este delicado método, al alumno se le otorga el empoderamiento reiki y se abren ciertos canales energéticos.

Los puntos y canales de energía que se despiertan de este modo cuidadoso son la corona y el canal energético central, que fluye desde la cabeza hasta la base del cuerpo. Otros centros que quedan ahora abiertos son el ojo espiritual (tercer ojo), el corazón espiritual y el canal que une el corazón con las palmas de las manos a través de los brazos. Cada vez que curas o meditas con reiki, estos sutiles canales de energía se fortalecen, permitiendo que siga fluyendo más reiki a través de ellos.

Algunos alumnos experimentan fenómenos como luz, calor o frío durante la sintonización. Otros ven colores o sienten cosquilleos o dolores corporales, pesadez o ligereza en el cuerpo, paz, euforia, risa, lágrimas y otras muchas sensaciones. No obstante, no sucede así con todos los estudiantes; para algunos las sensaciones son muy leves, si llegan a notarlas. Estas experiencias y sensaciones no significan que la sintonización sea mejor o peor; cada alumno inicia una purificación espiritual y energética, todos sin excepción despiertan al reiki, con independencia de las experiencias personales resultado de la sintonización. El maestro concluye la sesión de capacitación cerrando el canal reiki, algo que puede hacerse mediante visualización, intención o empleando los símbolos del reiki.

Llegados a este punto, algunos maestros suelen pedir a los alumnos que apoyen las manos en los muslos, con las palmas hacia abajo para que el flujo de reiki circule por sus cuerpos, mientras continúan otorgando las sintonizaciones al resto de estudiantes. Es posible que, al concluir cada sintonización, el maestro de reiki haga una inclinación al alumno o diga *Namasté,* que significa «me inclino ante lo divino interior».

El proceso de sintonización que acabo de describir puede no ser el mismo necesariamente con todos los maestros; este es solo un ejemplo para darte una idea de lo que puedes esperar. Por ejemplo, yo recibí cuatro sintonizaciones en el plazo de dos días por cada uno de los niveles de mi formación reiki. Por consiguiente, facilito la misma cantidad de sintonizaciones a todos mis alumnos, además de algunas a distancia una vez el curso se ha completado, y otras adicionales en persona durante los grupos de intercambio. Debo recalcar al respecto que puedes despertar al reiki y puedes sintonizarte tras una única sesión de sintonización. No obstante, la experiencia demuestra que los alumnos precisan tiempo para digerir de forma progresiva los ajustes más profundos, ya que esto permite incrementos graduales de energía y niveles más profundos de meditación. Este periodo de sintonización también facilita un incremento de purificación en tu cuerpo y el desapego del karma.

Empoderamientos *reiju* japoneses

Los empoderamientos *reiju* japoneses son la forma original nipona de sintonización; las sintonizaciones occidentales proceden de los empoderamientos *reiju*. La palabra japonesa *reiju* significa «don espiritual». Estos empoderamientos siguen utilizándose aún hoy en día en Japón, aunque varían en función del maestro. Tanto si el maestro emplea un método sencillo como uno complejo, el resultado final es que el estudiante queda abierto y conectado al reiki de por vida.

Dejé de usar la sintonización al estilo occidental tras recibir los conocimientos y la formación del empoderamiento *reiju*. Quería emplear métodos más próximos a las técnicas de enseñanza de Mikao Usui y a las conexiones budistas de la escuela Tendai Mikkyo. Los empoderamientos *reiju* eran mucho más sencillos, fluidos y fáciles de realizar que la complicada sintonización occidental, pudiendo por lo tanto relajarme mucho más, tanto física como mentalmente, cuando otorgaba tales empoderamientos, consiguiendo mejores resultados para mis alumnos y para mí. Con este sistema, el maestro de reiki no tiene que tocar al alumno, sino que coloca las manos en áreas específicas a cinco centímetros de la cabeza, tronco superior y manos. En la sintonización occidental, las manos del maestro tocan al estudiante.

Durante las sesiones occidentales de sintonización, los maestros emplean la intención y los símbolos del reiki, pero durante los empoderamientos *reiju* hay diferentes opciones para despertar esas cualidades. Un maestro puede emplear el mismo empoderamiento una y otra vez durante todos los niveles, aplicando la intención para definir el grado de empoderamiento. Otro método es entonar uno de los *kotodamas* del reiki durante el proceso, con el fin de abrir al alumno al timbre del mantra *kotodama*. En el empoderamiento *reiju*, no se mezclan las distintas energías; en el ajuste occidental, por el contrario, pueden emplearse todas las energías del reiki en una iniciación. En Japón, es posible recibir un empoderamiento *reiju* con la frecuencia que desee el alumno, para reforzar su conexión y como ayuda a lo largo de su camino espiritual. Mikao Usui solía otorgar empoderamientos *reiju* a sus alumnos sencillamente con su presencia, mirándoles fijamente, con la intención de despertar el reiki. No necesitaba tocarlos ni iniciar ningún ritual. Usui era capaz de abrir a muchos alumnos al reiki.

Empoderamiento *reiju* a distancia

Si vives en un lugar donde no resulta fácil o posible visitar a un maestro de reiki o si tu situación no te lo permite, hay otra manera de iniciarse. Pueden enviarte un empoderamiento *reiju* a distancia para abrir tus canales de energía y conectarte con el reiki.

Este proceso no sustituye verdaderamente el aprendizaje con un maestro de reiki que se encuentre presente físicamente, ya que él no podrá estar ahí para apoyarte ni responsabilizarse de cualquier reacción que experimentes ni de tus acciones durante o después del empoderamiento. Si recibes el *reiju* a distancia, debes aceptar que tú solito eres responsable de las circunstancias de tu despertar; el maestro se limita a establecer el método mediante el cual el reiki te abre para convertirte en un canal. Lo que propiciará la conexión será tu intención, tu propio corazón abierto y tu deseo de participar.

Cualquiera puede recibir un empoderamiento *reiju* a distancia tanto al comienzo del proceso como en diversos momentos a lo largo del mismo. Por ejemplo, yo recomiendo a quienes ya practicáis reiki que recibáis un empoderamiento diario o semanal para fortalecer vuestra conexión reiki y como ayuda en vuestro camino espiritual.

Recibir el empoderamiento *reiju* a distancia

Para recibir esta capacitación *reiju* a distancia, deberás escoger un momento en que no vayan a interrumpirte, cuando no tengas nada urgente que hacer.

Instrucciones

1. Siéntate en una silla o sobre un cojín en el suelo. Si no puedes levantarte de la cama por enfermedad o incapacidad, puedes recibir el empoderamiento *reiju* en la cama.

2. Junta las manos en posición de orar a la altura del corazón. Si no te fuera posible, pon las manos sobre el regazo o déjalas a los lados, con las palmas hacia arriba.

3. Pide ayuda a los orientadores del reiki para el empoderamiento *reiju*.

4. Concentra tu mente en recibir el empoderamiento *reiju*. También puedes decir: «Estoy recibiendo ahora el empoderamiento *reiju* de [nombre del maestro]».

5. Permite que todos tus pensamientos circulen, no te aferres a ideas vagas. Relájate sumergiéndote en este momento de empoderamiento *reiju* y percibe cómo te llena y te inunda la sutil sensación.

6. Cuando desees acabar, piensa. «El *reiju* está finalizando ahora», y se detendrá.

7. Coloca las palmas de las manos sobre los muslos o contra tus costados para mantener la conexión y el flujo de reiki a través de las manos y los canales.

8. Permanece sentado en silencio durante un momento y asimila el reiki.

9. Recibe un empoderamiento *reiju* al día durante cuatro jornadas consecutivas. También podrías recibir este tipo de capacitaciones *reiju* durante dos días, una por la mañana y otra por la noche.

   A partir de establecer esta conexión *reiju*, quedarás conectado al reiki y serás capaz de aprovecharlo para curarte a ti y a tu familia y amigos.

Tras recibir los cuatro empoderamientos *reiju* a distancia

Después de haber recibido los empoderamientos, es recomendable que te apliques reiki a lo largo de una hora durante los siguientes veintiún días empleando las doce posiciones básicas de manos (que enseñaré en el capítulo 5). Esto te concederá tiempo para desarrollar el reiki y acostumbrarte al flujo del mismo a través de tus canales y cuerpo. El método reiki de limpieza de veintiún días eliminará bloqueos de energía en tus canales que puedan estar provocando dolencias físicas, mentales y emocionales. Te convertirá en un fuerte canal reiki y en un ser poderoso. Para realizar la limpieza de veintiún días, sigue las instrucciones del capítulo 6.

Sensaciones y experiencias

Hay alumnos que no perciben nada especial al recibir el empoderamiento *reiju*, mientras que otros experimentan colores o luz, calor interior, achaques y la aparición de antiguos dolores y lesiones en cuerpo, mente y corazón. Las sensaciones más comunes son un cosquilleo tanto interno como externo, garganta seca y sosiego.

No prestes atención a estas sensaciones. No te impliques y obsérvalas como desde la distancia. No debe preocuparte el hecho de que presentes síntomas similares al resfriado o la gripe al día siguiente más o menos del empoderamiento, ya que es por completo normal; es la prueba de que el cuerpo responde a la energía que absorbe, ajustándose a ella. El reiki abre y desbloquea los canales del cuerpo, y por lo visto los síntomas similares al resfriado y la gripe son una reacción natural.

Estabilizarse y liberar la negatividad

Si sientes náuseas o mareo después de un empoderamiento *reiju*, concentra la mente en el *hara* de tu abdomen, justo debajo del ombligo, y coloca ambas palmas de las manos sobre el vientre. Respira con naturalidad mientras te concentras en esta zona y toma conciencia del suave movimiento del abdomen inflándose y desinflándose.

Si sigues sin recuperarte, desplaza el punto de concentración al centro de la tierra. Imagina una clara luz blanca procedente del cielo entrando en tu cuerpo a través de la corona en tu cabeza, atravesándote de tal manera que arrastra consigo una nube de oscuridad y agua turbia a través de ti, hasta salir por tus pies y penetrar en la tierra. Mantén toda la atención en la tierra hasta que te encuentres mejor.

También puedes utilizar este método para afianzarte cuando, tras aplicar un tratamiento, sientes que has recibido negatividad de la otra persona. Además, puede resultar práctico si eres víctima de los pensamientos desconsiderados de otras personas. Si quieres liberarte de potentes energías negativas en ti mismo, hazlo cuando la luna esté en fase nueva o llena, al ser «momentos de poder» que te permiten recibir con mayor facilidad grandes cantidades de energía espiritual y librarte de la negatividad. También puedes estabilizarte comiendo algo, saliendo a andar o tomando un poco de aire fresco.

5

LAS DOCE POSICIONES BÁSICAS DE MANOS PARA LA AUTOCURACIÓN

Existen doce posiciones básicas de manos para tratar mente, cuerpo y emociones; los estudiantes las aprenden en el primer nivel de reiki. Según cuentan, Usui enseñaba únicamente cinco posiciones, centradas de hecho en la cabeza, y recurría a la intuición para tratar el resto del cuerpo. Un alumno de Usui, el doctor Chujiro Hayashi, amplió el método original y creó el sistema de doce posiciones. Hayashi investigó y creó un sistema estructurado que se centraba en puntos específicos de energía corporal. Se trataba de un método terapéutico más holístico, ya que no solo afectaba al cuerpo, sino también a la mente y las emociones, incluso cuando el tratamiento no se centraba en ellas.

Hawayo Takata fue quien introdujo en Occidente las doce posiciones básicas de manos del reiki, que pueden utilizarse para tratar estrés, dolor de espalda, dolor de cabeza, artritis, problemas de piel como eczema, insomnio, síndrome del colon irritable, inflamación e hinchazón, depresión, desequilibrio mental y emocional, miedos y otras muchas dolencias. Con un tratamiento prolongado, la persona afectada experimenta una sensación de paz y de fortaleza interna cada vez mayor. A su vez, esto permite que el cuerpo, las emociones y la mente se renueven y desarrollen una percepción apacible de su espacio. Si te aplicas reiki terapéutico con regularidad, la sensación de paz crecerá en tu interior. Te ayudará a considerar las circunstancias de forma más positiva, con amor y distancia.

Estas doce posiciones de manos las emplearás en la limpieza de veintiún días descrita en el capítulo siguiente. Recuerda las posiciones curativas dividiéndolas en tres partes.

Parte 1: Cuatro posiciones para la cabeza

Parte 2: Cuatro posiciones delanteras

Parte 3: Cuatro posiciones para la espalda

Las cuatro posiciones para la cabeza

Posición 1: Ojos y mejillas

Coloca las manos ahuecadas sobre ojos, mejillas y frente, y mantén esta posición durante cinco minutos. Las zonas tratadas serán las relacionadas con ojos, nariz, mejillas, cerebro y el centro superior de energía, así como también los puntos energéticos en torno a estas mismas áreas. Puede aliviar problemas de sinusitis, congestión por resfriados, infecciones oculares y dolores de cabeza. Te ayudará a aclarar la mente para poder centrarte y concentrarte.

Posición 2: Sienes y ojo espiritual

Coloca las manos sobre las sienes y mantenlas ahí durante cinco minutos. Las zonas beneficiadas son las relacionadas con sienes, ojos, oídos, cerebro, así como glándulas en esas áreas. Esta posición puede aliviar una mente hiperactiva, problemas de tensión, depresión, insomnio, dolores de cabeza y molestias de oído y vista. Además, ambos hemisferios del cerebro se benefician de un reequilibrio energético. La mente se calmará. Es posible que durante los días siguientes seas más consciente de tus sueños, y tal vez esto te incomode temporalmente, pero el efecto no tardará en desaparecer y tus sueños recuperarán su pauta habitual.

Posición 3: Base del cráneo

Coloca las manos en la base del cráneo, donde se une con el cuello, y mantén la posición durante cinco minutos. Todo el sistema nervioso se conecta a través de la cabeza y el cuello por medio de la columna.

Esa posición calma y renueva el sistema nervioso, por consiguiente resulta muy relajante. Trata tu cráneo, cuello, ojos, nariz, boca y ambos hemisferios del cerebro. También restablece muchas otras partes del cuerpo por medio de la columna. Aliviará estrés, nerviosismo, tensión, dolores de cabeza y congestión, y además enriquecerá el centro energético en la zona de la nuca.

Posición 4: Mandíbula y garganta

Apoya con delicadeza las manos a lo largo de tu mandíbula, con las bases de las palmas en contacto, apoyadas en tu garganta. Esta posición trata tu mandíbula, boca, dentadura y encías, cuello, garganta y laringe. Puede aliviar dolores de garganta, muelas y mandíbula. Afecta a las emociones, permitiéndote sacar del pecho cosas que llevan tiempo reprimidas. También enriquece el centro de energía de la garganta.

Las cuatro posiciones delanteras

Posición 5: Corazón y pecho

Coloca las manos sobre el corazón, en el centro del pecho o esternón. Esta posición restablece tu corazón, pecho, senos, caja torácica, pulmones, hombros, manos y brazos. Además trata el centro energético espiritual del corazón (quizá conozcas esta zona como «chakra del corazón»). Este centro te conecta con tu yo verdadero, apartándote del ego y permitiéndote experimentar la levedad y el amor verdadero del alma. Cuando apliques esta posición, puedes mover las manos por todo el pecho y zona del seno. Sirve para aliviar problemas de respiración y tratar estrés, insomnio y depresión. Suele aportar relajación, calma y paz en algunos casos. También es posible que despierte emociones asociadas al desprecio por uno mismo y el odio hacia otros, que una vez liberadas y aceptadas dejan una sensación de amplitud y de paz. Te proporcionará un estado de equilibrio y armonía. Muchas personas dicen haberse quedado dormidas en esta fase.

Posición 6: Estómago y plexo solar

Coloca las manos sobre el estómago y el plexo solar. Esta posición abarca tu estómago, hígado, bazo, diafragma e intestino grueso y delgado. Puede aliviar enfermedades digestivas, úlceras, dolor de estómago y dolencias nerviosas. El plexo solar es un centro energético que te hace experimentar múltiples sensaciones, como estrés, miedo y tensión, por consiguiente curar este área aporta un alivio de la irritación y tensión emocional. Tratar esta zona puede liberar y aliviar muchas emociones que tal vez hayan afectado a los órganos asociados. Con un tratamiento prolongado se armonizan las emociones, tú recuperas la confianza y te sientes más en sintonía con los deseos de tu corazón.

Posición 7: Ombligo y abdomen superior

Coloca las manos sobre el ombligo y también debajo del mismo, en el abdomen superior. Esta posición trata riñones, vesícula, apéndice, pelvis, ovarios y gónadas. Puede aliviar infecciones de riñón y vejiga, retortijones abdominales, hinchazón, dolores menstruales y estreñimiento. El centro inferior de energía, conocido como *hara*, se localiza en esta posición. Aquí pueden acumularse grandes cantidades de energía, al ser muchos los canales que se ubican y entrecruzan en este punto. Existen métodos especializados de reiki que se concentran exclusivamente en esta zona para proporcionar salud y espiritualidad.

Posición 8: Abdomen inferior y pelvis

Coloca las manos sobre tu abdomen inferior, por debajo de donde aplicaste la posición 7. Aquí también cuentas con espacio suficiente para mover las manos sobre el abdomen y los costados de la pelvis. Esta posición trata tu vejiga, genitales, colon, ano, próstata, ovarios, pelvis y caderas. Puede aliviar dolores y rigidez de cadera, infecciones de vejiga, hemorroides, hinchazón, dolores menstruales y retortijones abdominales. Al tratar esta zona pueden aflorar recuerdos y emociones reprimidas de la infancia, asociadas a familia y amigos. El centro energético del perineo y el segundo centro energético de la base de la columna se tratan y enriquecen con el reiki.

Las cuatro posiciones de la espalda

Posición 9: Parte alta de la espalda y hombros

Coloca las manos sobre tus hombros y parte alta de la espalda. Esta posición trata cuello, hombros, columna, parte alta de la espalda, corazón y pulmones. Puede aliviar dolores de hombros, cuello y de la parte alta de la espalda, así como nódulos, tensión y estrés. Sus efectos son similares a los de la posición 5 (corazón y pecho, una de las cuatro posiciones delanteras). No obstante, mientras aplicas tus manos sobre esta posición, el reiki enriquece y trata también pequeños canales y puntos energéticos existentes en los hombros y en la parte superior de la espalda.

Posición 10: *Hombros y omoplatos*

Esta posición es la más peliaguda de las doce al implicar cierta flexibilidad física por tu parte. Conviene estar lo más relajado posible cuando adoptas esta postura y llegar solo hasta donde te permita tu cuerpo sin padecer incomodidades. Además, la posición diez se divide en dos partes, para así poder tratar ambos omoplatos. Esto significa mantenerla durante dos minutos y medio con cada omoplato, de un total de cinco.

Si te resulta difícil esta postura, puedes volver hacia fuera la mano que rodea tu espalda, mostrando la palma, hasta que tu brazo y mano se habitúen. Con ello aliviarás parte de la presión en hombro, codo y muñeca.

Posición 11: Parte baja de la espalda

Coloca las manos sobre la espalda a la altura de la cintura. Esta posición restablece la zona lumbar, riñones, vejiga, columna inferior, intestinos, bazo, hígado y ovarios. Contribuye a aliviar dolores menstruales, calambres y ciática, así como estrés y tensión en espalda, columna inferior y vértebras. De hecho, puede aliviar todo tipo de dolores de espalda. Contamos con un importante canal energético circular que rodea la cintura, conectando en este punto otros muchos canales energéticos. Un punto central de este canal se ubica en medio de la columna a la altura de la cintura, entre los riñones.

Posición 12: Base de la columna

Coloca las manos sobre la base de la columna a la altura de las nalgas. Esta posición trata coxis, nalgas, genitales, riñones, colon, recto, vejiga, próstata, pelvis y piernas. Puede aliviar ciática, hemorroides, infecciones de vejiga, dolor de colon y recto, así como dolor lumbar y de columna.

Tal vez se liberen recuerdos y emociones de la infancia asociados a familia, amigos y colegas de profesión, que se aliviarán y superarán mientras se trata el centro energético de la base.

Si lo deseas, también puedes ampliar la terapia a brazos, manos, piernas y pies, aunque esto supondrá practicar más posiciones que las doce básicas, y precisarás alargar la hora que ya has dedicado a tu autocuración. Las doce posiciones básicas constituyen la pauta y los fundamentos para tratarte a ti y a los demás. A medida que progreses, dejarás atrás las trabas mentales, emocionales e intelectuales que te enferman. Al final avanzarás más allá de estas doce posiciones, dejando que el reiki te guíe con intuición, amor y un corazón abierto.

¿Qué significa «permitir que el reiki te guíe»? Algo tan sencillo como esto: en algún momento en el futuro, ya no te ceñirás con rigidez a cada una de las posiciones de manos recomendadas. No cabe duda de que utilizarás la mayoría de ellas, cuando no todas, pero luego pasarás a las zonas corporales que más atención requieran. No será necesario preguntar al paciente sobre ello porque gracias al reiki estarás en sintonía con sus necesidades, llevando tus manos allí donde la curación sea más necesaria. Por extraño que parezca, es posible que tus manos no sean atraídas hacia el punto exacto donde la persona sufra algún dolor, sino hacia el lugar donde la curación obtenga mejores resultados.

6

LA LIMPIEZA DE VEINTIÚN DÍAS

Durante la limpieza de veintiún días, dedicas una hora diaria a tratarte. En el transcurso de la misma, aplicas cada una de las doce posiciones de manos para la autocuración, manteniendo cada una durante cinco minutos. Puedes dividir este tratamiento diario en dos sesiones de media hora, una por la mañana y otra por la noche, aplicando las seis primeras posiciones en la sesión matinal y el resto al final de la jornada.

La limpieza de veintiún días puede implicar síntomas similares a los del resfriado o la gripe, o tal vez sientas desequilibrios emocionales o mentales, altibajos, momentos de felicidad y tristeza, paz, dicha, risa o llanto. Quizá notes sensaciones de calor y frío, sequedad de boca, pesadez, cabeza espesa, hormigueo o dolores y pequeñas molestias. Es posible que vuelvan a aflorar recuerdos, hábitos o pautas conductuales del pasado que habías reprimido.

Es importante observar con distancia los síntomas y continuar con la limpieza, aunque te resulte incómodo mental o físicamente; al hacerlo estarás acumulando energía espiritual para fortalecerte y afrontar los síntomas. Si detienes el tratamiento porque crees que el reiki te hace sentir mal o infeliz, te quedarás atascado en tu antiguo patrón emocional, en el dolor, la depresión o lo que te enferma, sea lo que fuere. El reiki es el catalizador que procura la integración y la libertad, el amor y la paz. Cuando optas por seguir el camino espiritual, debes conservar la motivación y debes tomártelo con empeño. No seas duro contigo mismo ni con los demás, escucha a tu corazón al tiempo que te desconectas de la mente y las reacciones emocionales. El corazón permite dar salida al alma.

Bebe varios vasos de agua al día durante este proceso, pues esto te ayudará a limpiar el cuerpo de células muertas y toxinas. Ten en cuenta que esta práctica tiende a incrementar los movimientos intestinales y también la micción.

Tratarte con las doce posiciones básicas de manos

Puedes practicar las doce posiciones básicas sentado en una silla o bien tumbado, siempre que tu flexibilidad te permita realizar las posiciones de la espalda.

Es preferible practicar en ambientes tranquilos y apacibles o con alguna música relajante de fondo. Técnicamente podrías ejecutar estas posiciones mientras ves la tele, pero no lo recomiendo, ya que es mejor estar relajado y concentrarse en el tratamiento.

- Para empezar, afirma mentalmente: «Ahora empieza el reiki».

- Puedes pedir ayuda mentalmente a los orientadores del reiki, a consejeros espirituales, ángeles, dioses, diosas y otras deidades, o bien puedes pedir ayuda al propio reiki.

- Ten a mano un vaso de agua y mantén también un reloj cerca para tener presente la hora.

- Junta los dedos y los pulgares, y luego ahueca las dos manos ligeramente. Esto te ayudará a concentrar la energía en las palmas en vez de expandirla hacia fuera. Mantén cada posición durante cinco minutos.

Las posiciones básicas tratan las zonas donde colocas las manos, incluidos los órganos sitos bajo la superficie de la piel. Además, el reiki se desplaza hacia puntos que requieren curación, como puede ser un área que te afecta mental o emocionalmente o a algo físico de lo que no eres consciente. Cuando una zona energética se desbloquea, tal vez tenga lugar una breve reacción en forma de dolor o una sensación burbujeante —como de estallidos—, seguida de risa o llanto, y finalmente la sensación de calma.

No todo el mundo experimenta esos síntomas, y quienes los perciben los encuentran leves por regla general. Los síntomas forman parte de la fuerza creativa de la curación reiki.

Consejos prácticos

- Es preferible practicar en momentos de tranquilidad.

- Ten a mano un reloj y un vaso de agua.

- Escucha música reiki o alguna otra música relajante. Realiza las doce posiciones sentado o tumbado y mantén cada posición durante cinco minutos.

- Pide ayuda mentalmente al reiki, a Usui o a tus orientadores del reiki para realizar este tratamiento.

- Durante la terapia, mantén los dedos juntos y las manos ligeramente ahuecadas.

- Para acabar la sesión di: «Ahora finaliza el reiki».

- Da las gracias a tus orientadores del reiki, al reiki y a Usui.

- Lleva un diario con tus sentimientos y experiencias, puede resultar útil para futuras consultas.

Razones para realizar la limpieza

¿Por qué es importante hacer la limpieza de veintiún días? Supone un esfuerzo similar, en cierto modo, al que representa una visita a un hermoso lugar turístico en una zona montañosa alejada de tu lugar de residencia: debes preparar la maleta, colocarla en el coche junto con todas las cosas necesarias para el viaje, preparar a los niños y montarlos en el coche. Luego conducir durante horas, con los críos lo más distraídos posible. La última parte del viaje te lleva cada vez más alto por un paisaje cada vez más bonito, hasta alcanzar vuestro maravilloso destino. Sobra decir que cuando has llegado eres consciente de cuánto ha merecido la pena. Del mismo modo, la preparación y puesta en marcha de tu viaje por el reiki implica algo de esfuerzo por tu parte, pero cuando llegas a tu «destino» —cuando concluyes la limpieza de veintiún días—, el esfuerzo dedicado sin duda parecerá haber merecido la pena.

Un libro como este puede explicarte el arte del reiki, pero al final dominarlo es como aprender a conducir o a usar el ordenador. Un libro te ayudará a aprender a hacer tales cosas, pero no hará el trabajo por ti. No puedes pretender tratar y curar a otras personas si antes no te has «limpiado» a ti mismo, y tampoco puedes pretender prepararte para el reiki sin renunciar a un poco de tu tiempo libre. Si piensas un poco en cuánto tiempo lleva formarte en otras muchas disciplinas en la vida, dedicar un rato cada día durante tres semanas no es gran cosa. Nunca lo olvides: tu conciencia y comprensión del reiki aumentarán cada día que pase.

7

TRATAMIENTOS DE REIKI APLICADOS A OTRAS PERSONAS

Una vez has finalizado la limpieza de veintiún días, estás preparado para poner a prueba tu capacidad sanadora con otras personas. Tratar a tu familia, amigos y seres queridos es una buena manera de adquirir experiencia, así como obtener reacciones y comentarios sinceros. Todo ello te hará ganar confianza y contribuirá a reforzar tu reiki.

El reiki no solo se ocupa de la dolencia de la persona que va a ser tratada; al mismo tiempo trata también al sanador. Un sanador se beneficia de la curación y bienestar divinos, sea cual fuere su nivel de formación y talento. Los sanadores tienden a ser gente que ha sufrido mucho en su vida personal, y a pesar de ser algo que los convierte en grandes sanadores, también hace que precisen ayuda y sanación divinas. Esto convierte al reiki en una situación en la que todos salen ganando, ya que ayuda tanto al receptor de la sanación como al sanador.

Aplicar un tratamiento de reiki a otra persona mediante las doce posiciones básicas de manos es similar a aplicarte un tratamiento de una hora a ti mismo. Si ya has realizado la limpieza de veintiún días, debería resultarte relativamente sencillo ofrecer a alguien una sesión curativa.

La mayoría de gente ya entiende un poco de reiki y de otras formas holísticas de sanación de mente, cuerpo y espíritu, y saben que los métodos reiki son apacibles, respetuosos, comedidos y delicados. Si tienes parientes o amigos que en tu opinión podrían beneficiarse de ellos, díselo, pero sin imponer nada. Si deciden que querrían recibir tu ayuda, te lo comunicarán.

Una vez cuentes con un sujeto dispuesto a dejarte practicar con él, aplica un tratamiento completo a este amigo en todo su cuerpo mediante las doce posiciones de manos. Si no le es posible permanecer tumbado, aplícale el tratamiento sentado en una silla; podrás usar las doce posiciones básicas, aunque tal vez tengas que adaptarlas para alcanzar zonas del cuerpo que precisen atención mientras el paciente permanece sentado. Ofrecer un tratamiento mientras la persona está sentada facilita tratar con más rapidez zonas de la espalda y zonas delanteras, algo que acelera el tratamiento. La versión sentada del mismo se puede ejecutar en cualquier lugar, pero el uso de una cama o una camilla permite el máximo relax de tu paciente, lo cual es sin duda beneficioso.

Nunca presiones a nadie para que acepte recibir una terapia. Su mente puede bloquear el tratamiento, y no obtendrá por consiguiente beneficio alguno del mismo. Dar y recibir reiki requiere una actitud y un corazón abiertos, por tanto, es mejor dejar que las personas cerradas o las que se autoprotegen se las arreglen ellas solas.

¿Deberías tratar a desconocidos?

Si tu intención es tratar a desconocidos, cobrando o no, debes considerar la situación. Hay muchos sanadores reiki independientes que no cuentan con cualificaciones especiales ni están afiliados a ninguna organización, y aunque lo más probable es que sean muy buenos en lo que hacen, en Europa estarían infringiendo las regulaciones de la Unión Europea, pudiéndose encontrar con problemas similares en otros lugares. También necesitarás un seguro contra terceros y otras pólizas. En Estados Unidos, es esencial hacerse un seguro. Hay compañías que cuentan con pólizas para terapeutas de medicina complementaria y para sanadores de reiki, localizables con una simple búsqueda en internet. Es responsabilidad tuya ser consciente de los requisitos legales en tu país.

Es igualmente importante que te asocies a algún organismo de maestros y estudiantes de reiki y que estés titulado y cualificado. De este modo obtendrás el respaldo necesario con la debida supervisión y serás capaz de gestionar todos los problemas que puedan surgir de vez en cuando; recuerda, estás ofreciendo tratamientos a gente, no a juguetes. Si desconoces dónde localizar estas organizaciones, inténtalo en internet. Leer este libro por sí solo no te facultará como terapeuta de reiki; el objeto de este libro es iniciarte en los beneficios físicos y espirituales de tu tratamiento personal.

La sala de terapia

La estancia donde realices la terapia debería estar despejada de objetos. Debería ser tranquila y cálida, y a ser posible contar con ventilación y buena circulación de aire fresco. Esto permitirá un buen flujo de energía por el espacio y contribuirá a que el entorno sea un buen conductor de la sanación. Por lo general, resultan apropiados los espacios alquilados en clínicas o centros de terapias. Puede ser de ayuda poner algo de música relajante, pero no es buena idea encender incienso, al tener un efecto muy potente sobre los sentidos. Si de todos modos optas por utilizarlo, enciéndelo unas horas antes de empezar la sesión, de este modo purificará la energía y el aire de la estancia pero permitirá dispersar el olor antes de iniciar la terapia.

Preparativos para el tratamiento

Si vas a hacer algo más que tratamientos esporádicos a tus amigos, necesitarás adquirir una camilla o acudir a un centro donde las haya disponibles. Como ya he mencionado antes, en caso necesario puedes aplicar la terapia de reiki con la persona sentada. Es un método de tratamiento que yo mismo he empleado con gran éxito en demostraciones terapéuticas y con familia y amigos. No obstante, cuando apliques un tratamiento de una hora, recomiendo emplear una camilla en la que el paciente esté tumbado, ya que le permite disfrutar de la máxima relajación, algo favorable para el tratamiento. Intentar curar a alguien que se encuentra tumbado en el suelo es incómodo tanto para el terapeuta como para el paciente.

Antes de iniciar la sesión es necesario poder sentarse y charlar con los pacientes. Tal vez quieras averiguar qué les sucede y qué les ha llevado a buscar ayuda profesional. Sin duda querrás tomar notas y apuntar los detalles. Necesitarás una agenda o un libro de citas para dar horas y apuntarlas.

Mantén a mano una botella de agua y algunos vasos de cartón, ya que el tratamiento provoca sed, tanto al paciente como a ti. El agua favorece el proceso de curación. Tras la terapia, la energía purifica el cuerpo con movimientos intestinales que incrementan la eliminación de excrementos y orina. Por este motivo conviene recomendar a la persona que reciba el tratamiento evitar el alcohol o las comidas pesadas la noche anterior al día concertado.

Ten pañuelos de papel disponibles, ya que el tratamiento de reiki contribuye a que las emociones, el dolor y los recuerdos se liberen y sean aceptados gradualmente. Tu paciente puede reaccionar al tratamiento con lágrimas, dolor físico o felicidad. Si afloran las emociones durante la terapia, pregúntale si desea hacer una breve pausa y ofrécele pañuelos y un vaso de agua. Sobre todo hazle saber que se trata de una respuesta normal y pasajera a la curación reiki.

Necesitas tener un reloj a la vista para seguir el horario programado.

Quizá quieras contar con una almohada o una manta para tus pacientes, ya que al permanecer quietos y tumbados durante una hora pueden sentir frío. A menudo encuentran más cómodo apoyar la cabeza en una almohada.

Inicio del tratamiento

Antes de aplicar la terapia, pido mentalmente ayuda y protección a los consejeros del reiki, a Usui y a la energía divina del propio reiki. Les pido no tener que cargar con ningún karma de la gente a la que aporto curación. Para conectar con tus asesores espirituales emplea el método *reiji hô*, implorando mentalmente a quienes trabajaron en sus inicios con el método reiki, Usui incluido.

Con antelación a la sesión, empleo uno de los métodos de curación a distancia para enviar reiki a la sala terapéutica, para mí y para la persona que va a ser tratada, pidiendo el mejor resultado en la terapia que vamos a realizar. El mejor resultado en una sesión curativa no tiene por qué ser necesariamente lo que tú o el receptor esperáis de la curación, sino que a veces es algo necesario para el aprendizaje del paciente (y el tuyo) y para el camino espiritual.

Byosen: explorar el cuerpo en busca de la enfermedad

Igual que antes, emplea el *reiji hô* para pedir mentalmente a los creadores del método reiki, incluido Usui, que te conecten con tus asesores espirituales. Pide al reiki que dirija tus manos hasta zonas que necesiten curación. De este modo, tus manos se convertirán en imanes, atraídos por vibraciones y sensaciones específicas en el cuerpo del paciente. Este método de exploración se llama *byosen*. Te ayudará a identificar zonas del cuerpo del paciente y de su campo de energía que puedan estar desequilibradas o presentar un bloqueo energético en el canal de energía, provocando cierta disfunción.

Empezando por encima de la corona, en la cabeza de tu paciente, recorre lenta y suavemente con tus manos su campo energético, manteniendo una distancia de unos diez centímetros con el cuerpo de la persona. Junta los dedos y los pulgares durante el proceso, y mueve las manos lentamente de pies a cabeza una o dos veces si tienes tiempo. Cuando regreses a la cabeza del paciente, mantén la conexión energética dejando la mano en su campo de energía. Estás intentando tomar conciencia de cualquier zona y sensación que atraiga tus manos. Estas sensaciones te ayudarán a acceder a las zonas que requieren sanación.

Frío

Una sensación muy fría proyectada desde una zona del cuerpo o campo energético a tus palmas es un indicio de bloqueo energético. La zona fría revela normalmente un problema emocional o espiritual profundamente arraigado que puede estar provocando una reacción física. Esto requerirá un mayor esfuerzo curativo que llevará tiempo, ya que es posible que la raíz del bloqueo no sea tan obvia. Tal vez necesites pedir mentalmente a tus orientadores que envíen energía sanadora al paciente para aliviar el dolor que perdura en su interior como resultado de lesiones pasadas.

Un tratamiento con las doce posiciones de manos empleadas en su totalidad es una buena manera de abordar problemas profundamente arraigados, ya que la mente y las emociones reciben ayuda durante este tipo de sesiones. Es una manera eficaz y cuidadosa de sanar a toda la persona.

Calor

Cuando detectas una gran cantidad de calor en alguna parte de tu paciente, esto puede sugerir una de las dos cosas siguientes. Puede indicar un exceso de energía en esta zona, que podrías aliviar colocando tus manos en esa área caliente o a su alrededor. También puede indicar que se están vertiendo grandes cantidades de reiki para iniciar el proceso de sanación en la parte del cuerpo o campo energético con problemas graves. Por lo general, el calor indica un problema físico más que uno de índole emocional.

Hormigueo

Si sientes hormigueo y un leve dolor en las manos al mantenerlas sobre una parte concreta de tu paciente, esto puede sugerir lesiones cutáneas o celulares profundas provocadas por cicatrices o inyecciones espinales, como epidurales u otros tratamientos anestésicos que se hayan aplicado en la columna vertebral. También pueden indicar alguna forma de enojo, que afecta a una parte del cuerpo.

Densidad

Puedes sentir tus manos pesadas o que se ralentizan mientras recorren una zona, como si al moverlas encontraran melaza. La zona densa corresponde al lugar donde la energía se ha quedado estancada; es posible que esta pesadez responda a una depresión o alguna enfermedad mental o emocional. Puedes sacar de nuevo a la superficie esa energía aplicando un tratamiento corporal completo, y desde allí expulsarla del campo energético, dejando al paciente con una sensación de ligereza. Esto se hace colocando un cuenco de sal a los pies del diván o camilla de tratamiento. Luego pasas las manos por encima del cuerpo del cliente, de pies a cabeza, sin tocarlo en realidad. Las energías negativas que has arrastrado hasta el aura del paciente se pueden erradicar ahora e introducirse en el cuenco de sal. Agita el cuenco y arroja luego la sal por el desagüe.

Vibración

Si tus manos vibran o si el paciente nota que está vibrando durante el tratamiento o después del mismo, es un indicio de bloqueos de energía que se eliminan, o canales y centros purificándose. Tal vez una energía poderosa esté operando a través del sistema del paciente, equilibrando y renovando sus canales energéticos. Otra característica de este síntoma es la posibilidad de que el paciente (y a veces también el curador) continuará con la sanación *a posteriori* mientras duerme.

Fuerza magnética

Si tus manos son atraídas hasta un área como si un imán tirara de ellas, déjalas en la zona hasta que la sensación disminuya, ya que esto señala una zona que precisa sanación.

Dolor

A veces puedes percibir el dolor que padece la persona que estás tratando. Esto sucede porque una vibración de carga sumamente positiva ha entrado en contacto con una de carga altamente negativa. En cierto modo te conviertes en una jeringa que succiona el veneno. En caso de que el dolor te resulte molesto, evita el contacto durante un momento. Si mantienes tu posición y el dolor persiste, no tardará en disminuir. En caso de que continúe, invoca a tus orientadores del reiki y a Usui, pidiéndoles que aparten de ti este karma y enfermedad. Estás realizando tu trabajo y ellos deben cumplir con el suyo cuando lo solicites. Recuerda también pedirles que supriman esta energía negativa de ti después de acabar la sesión sanadora.

Impresiones visuales

Tu intuición y tu ojo espiritual pueden cobrar fuerza mientras practicas reiki, y es posible que adviertas su influencia incrementada durante los tratamientos. Tal vez tengas a una persona de pie ante ti y captes una impresión de su campo energético. Esta impresión puede ser simbólica o precisa, y será diferente con cada persona. En una ocasión vi oscuridad en los pulmones de un paciente y al principio no estaba seguro del motivo. La tendencia de la mente es llegar a conclusiones cuando sucede algo así, de modo que no siempre es lo mejor compartir la información con la persona a la que estás sanando, ya que puede asustarse. En esta ocasión, la negrura en los pulmones revelaba que el motivo de su sufrimiento era el tabaco. Las impresiones que captas, incluso las que parecen negativas, no siempre significan que la persona esté enferma. Por ejemplo, en este caso la persona intentaba dejar de fumar, una de las razones de que había acudido a mí en busca de un tratamiento.

No todos los sanadores de reiki perciben cosas de la misma manera, por consiguiente, los sentimientos que he descrito aportan solo una sugerencia de lo que puede suceder. Con el tiempo, descubrirás tus propias reacciones e indicadores. La experiencia es un gran maestro.

8

LAS DOCE POSICIONES BÁSICAS DE MANOS PARA CURAR A OTROS

A continuación ofrezco algunos útiles consejos que conviene tener en cuenta antes de empezar a curar con las doce posiciones básicas de manos.

- Mantén las manos en cada posición durante cinco minutos.

- No es fácil permanecer quieto durante cinco minutos, así que procura ponerte cómodo. Por este motivo, para aplicar las posiciones de manos en la cabeza resulta práctico sentarse en una silla.

- Consulta el capítulo sobre autocuración (capítulo 6) para descubrir qué puntos y dolencias trata cada posición de manos.

- Para intensificar el reiki en ciertas zonas del cuerpo, simplemente coloca una mano encima de la otra mientras aplicas un tratamiento.

- Si tu paciente tiene una zona del cuerpo especialmente sensible o una herida abierta, como puede ser una úlcera, sostén la mano sobre tal área y concentra la energía reiki en la herida en vez de tocarla.

Las cuatro posiciones para la cabeza

Posición 1: Ojos y mejillas

Con el paciente sentado o de pie, coloca cuidadosamente las manos sobre sus ojos y mejillas. No le tapes la nariz, ya que dificultaría su respiración. Recuerda no aplicar demasiada presión en su rostro, sobre todo si estás de pie, ya que suele ser fácil apoyarse sin darse cuenta.

Posición 2: Sienes y ojo espiritual

Coloca las manos sobre ambas sienes tocando con los pulgares el ojo espiritual o tercer ojo.

Posición 3: Parte posterior de la cabeza

Como esta posición puede presentar ciertas dificultades, es recomendable explicar con antelación al paciente lo que vas a hacer. De este modo, podrá ayudarte levantando un poco la cabeza para que puedas colocar las manos debajo.

Comienza donde acaba la anterior posición de manos.

1. Mantén la mano derecha en la sien derecha del paciente y, con cuidado, desliza cuanto puedas la mano izquierda bajo la parte posterior de su cabeza.

2. Con la mano derecha en la sien derecha, vuelve suavemente la cabeza del paciente desplazándola hacia la izquierda mientras la apoyas sobre tu mano izquierda.

3. Con la cabeza vuelta hacia la izquierda, desliza la mano derecha bajo la parte posterior de la cabeza.

4. Ahora ambas manos deberían estar juntas bajo la cabeza de tu paciente.

5. Sosteniendo cuidadosamente con ambas manos la parte posterior de su cabeza, desplázala otra vez hasta el centro.

6. Ahora estás en la tercera posición curativa.

7. Para retirar las manos de esta posición, sigue los mismos pasos, comenzando por la parte posterior de la cabeza, y sigue las instrucciones en orden inverso.

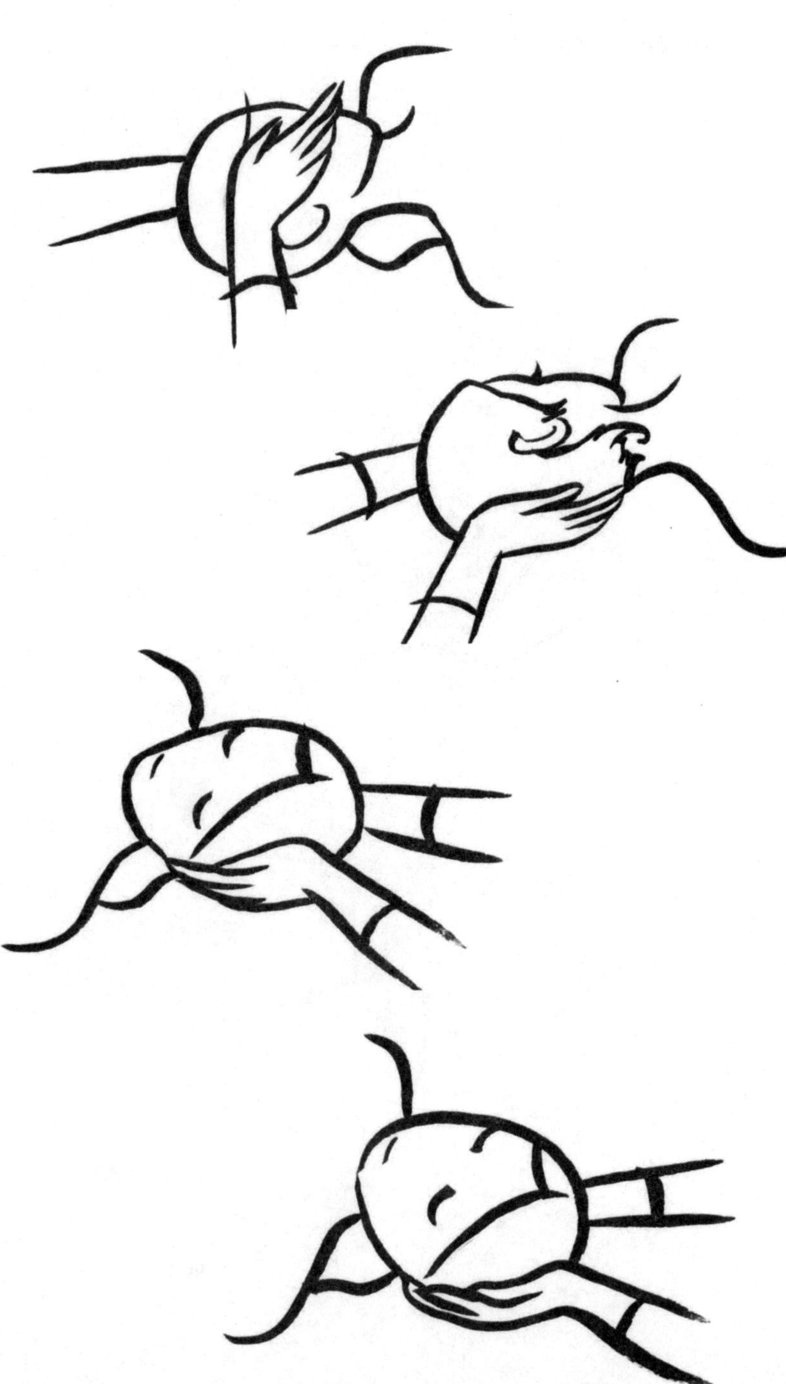

Posición 4: Mandíbula y garganta

Antes de empezar el tratamiento correspondiente a la posición 4, explica a tu paciente que vas a colocar tus manos en su zona del cuello, al ser esta un área vulnerable que puede inducir inseguridades.

Pon con cuidado las manos a ambos lados de la mandíbula del paciente para cubrir con las mismas su garganta. Los dedos de ambas manos deberían juntarse sobre su garganta, formando una V.

Las cuatro posiciones delanteras

Posición 5: Corazón y pecho

Si estás sentado, puedes pasar suavemente de la posición anterior a esta estirando los brazos hasta apoyar las manos en el centro del pecho del paciente. En este punto se ubica el centro de energía del corazón. Si estás de pie, deberías mantener las manos una al lado de la otra, pero también puedes desplazarlas sobre cualquier zona del pecho si dispones de tiempo suficiente.

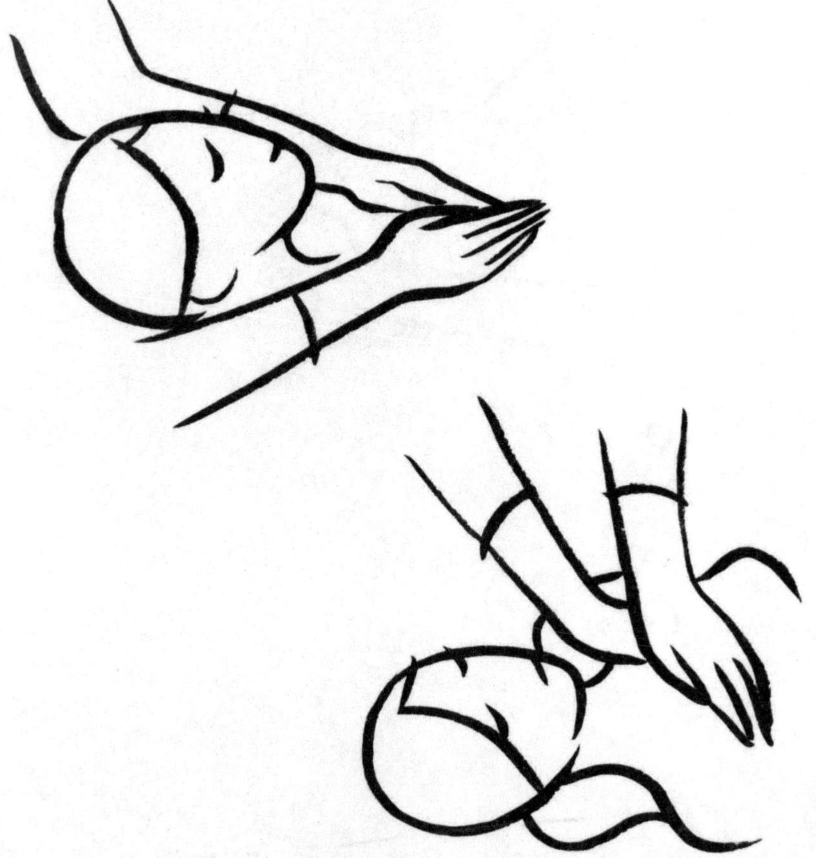

Posición 6: Estómago y plexo solar

Coloca con cuidado las manos en la zona del plexo solar y el estómago, ubicada entre el pecho y el ombligo. Trata el punto central, luego desplaza las manos por su área. Puedes colocarlas juntas o bien poner una delante de la otra mientras trabajas en esta zona.

Posición 7: Ombligo y abdomen superior

Coloca las manos sobre el abdomen superior de tu paciente con una mano delante de la otra.

Posición 8: Abdomen inferior y pelvis

Pon las manos sobre el abdomen inferior, justo debajo de la última posición que has realizado.

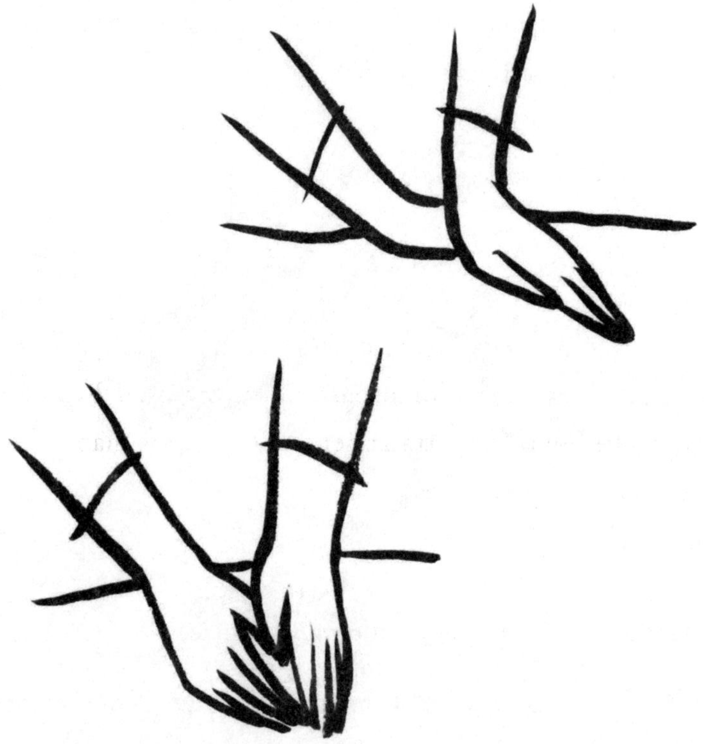

Puedes finalizar enviando reiki tanto por la parte delantera como por la posterior de piernas y pies. Tratar piernas, rodillas y pies es opcional, así que si vas mal de tiempo es buena idea colocar sencillamente las manos a ambos lados de las piernas y desplazarlas hacia abajo, aguantando unos pocos segundos en cada punto hasta alcanzar los pies. Si no quieres tocar los pies de tu paciente, sostén las manos sobre ellos y envíales reiki desde esta posición.

Limpiar el campo de energía

Ahora debes recorrer el campo energético del paciente utilizando las manos, mientras visualizas con la mente cómo salen del mismo todas las energías oscuras. Dicen que estas energías negativas afloran hasta la superficie del campo energético durante el tratamiento. Una buena manera de visualizar tal proceso es imaginarte mirando una charca de agua clara para introducir luego la mano y girarla suavemente. El remolino creado desplaza hasta la superficie todo el sedimento del fondo de la charca y enturbia el agua. Barrer el campo de energía con la mano elimina el sedimento que aflora hasta la superficie durante la terapia.

Los movimientos empleados para barrer el campo energético se parecen un poco a los utilizados en el taichí. Son movimientos de manos ligeros, fluidos y relajados, que ejercen una suave fuerza, aplicada tanto por tu mente como por tus manos. Cuerpo, piernas, brazos, manos y mente deben operar al unísono.

Desplaza las manos empezando por la última posición del tratamiento anterior, que se ubicaba en los pies de tu cliente. Continúa hasta la corona de la cabeza sin retirar las manos del campo energético.

Permanece de pie a su lado colocando las manos una delante de la otra a unos veinte centímetros por encima suyo, en su campo de energía.

Imagina que ambas manos permanecen delicadamente unidas en esta posición, de manera que cuando una se mueva la otra se desplace en armonía. Esta visualización puede ayudar a no sentirte incómodo mientras ejecutas esta acción.

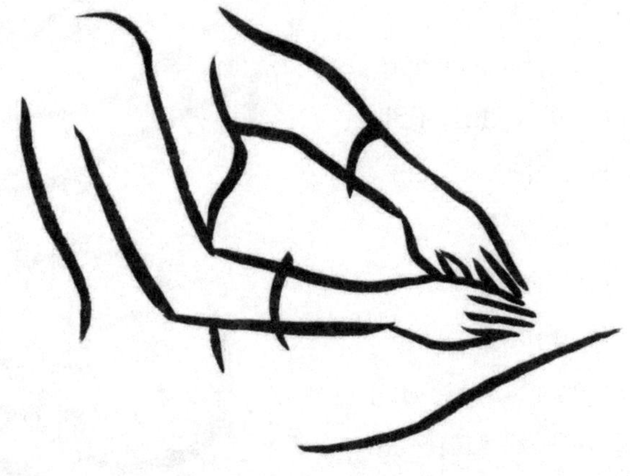

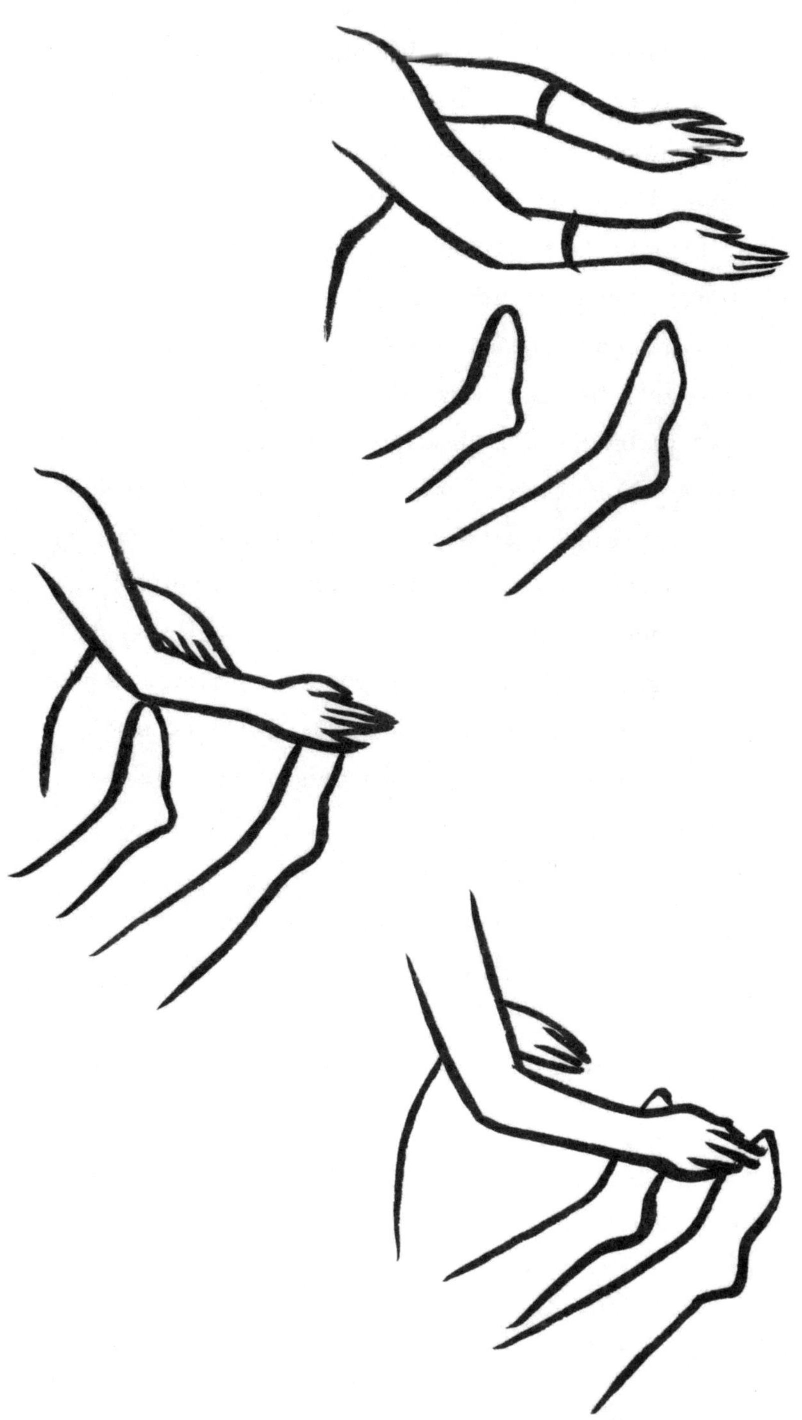

Inclina un poco las manos hasta colocarlas en un ángulo de cuarenta grados, empleando solo las muñecas. De este modo atraparás y expulsarás la nube oscura de energía del campo de tu paciente utilizando palmas y dedos.

Desplaza las manos con suavidad hacia delante aplicando un movimiento circular por el campo energético del paciente mientras visualizas cómo crece y se forma una nube negra ante tus manos, dejando atrás un campo de energía ligero y vibrante. Continúa con un leve movimiento circular que te permita abarcar una zona más amplia de su campo. Tu segunda mano recorrerá la misma zona a continuación, para comprobar que está limpia.

Usando las manos, barre hasta los pies del paciente la nube negra y luego haz una última pasada grande y amplia. Percibe y visualiza la nube negra de energía expulsada de su campo energético, y la verás mentalmente disolviéndose en una luz brillante.

Nota: A los sanadores espirituales no les gusta dejar desechos de este tipo en una estancia, por lo tanto, suelen colocar un cuenco con un poco de sal en el suelo, donde arrojarán la energía oscura (la sal extrae las malas vibraciones y energías, y las destruye). Después de tratar a varios pacientes y en cuanto parezca conveniente, los terapeutas arrojan la sal por el desagüe y luego vuelven a poner más sal en el cuenco.

Las cuatro posiciones para la espalda

Con cuidado, ofrece una mano a tu paciente y pídele que se dé la vuelta.

Explorar el cuerpo

Antes de pasar a tratar espalda y piernas, tal vez quieras explorar esta zona del cuerpo del paciente, tal como has hecho antes, si dispones de tiempo. Esto te dará una idea de las áreas que pueden requerir un tratamiento más o menos intensivo.

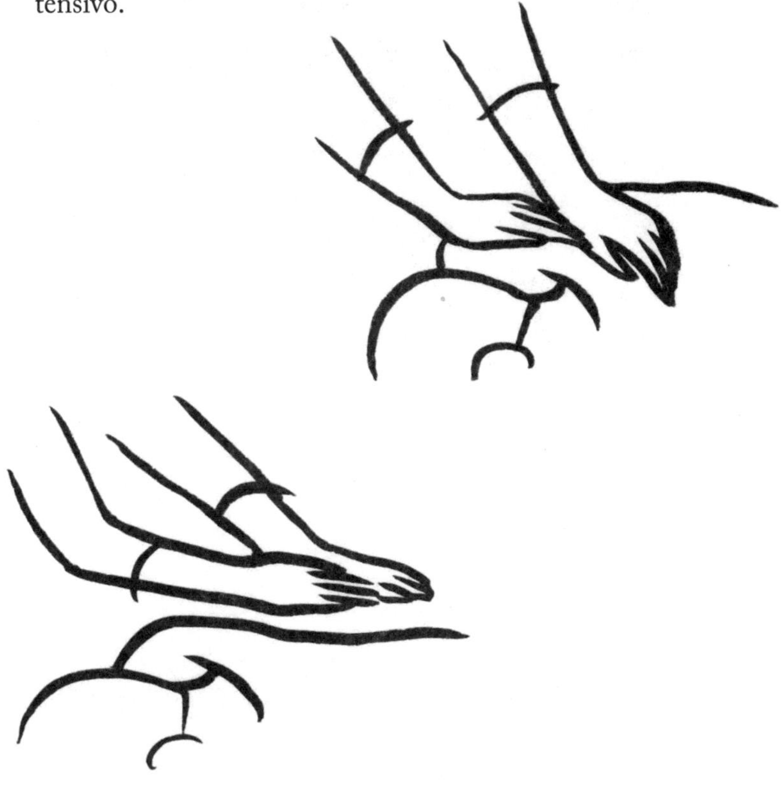

Posición 9: Hombros y parte alta de la espalda

Puedes sentarte o estar en pie mientras practicas la terapia en esta zona. Apoya las manos en los hombros del paciente y alrededor de la parte alta de su espalda.

Posición 10: Hombros y omoplatos

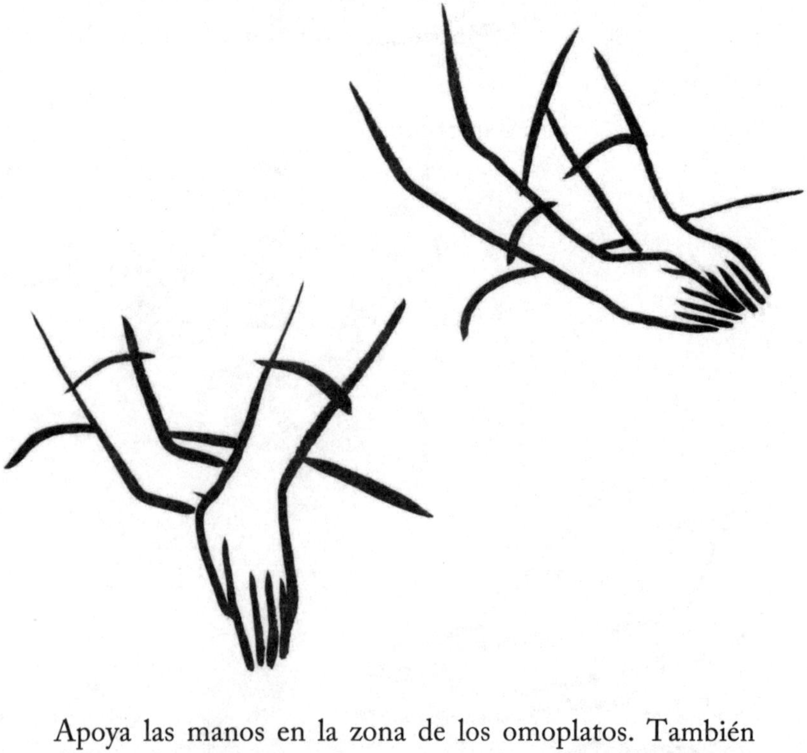

Apoya las manos en la zona de los omoplatos. También puedes tratar la parte superior de la espalda al trabajar desde esta posición.

Posición 11: *Parte baja de la espalda*

Apoya las manos colocándolas juntas o bien una delante de la otra sobre la parte baja de la espalda. Mucha gente sufre dolores en esta zona lumbar, así que tratar esta zona puede ser bastante reconfortante.

Posición 12: *Base de la columna*

Apoya las manos en la base de la columna. Con esta posición puedes aplicar el tratamiento por toda la zona de nalgas y caderas.

Aportar energía a través de la columna

Desde la última posición, coloca una mano delante de la otra. Comenzando por la base de la columna, aguanta en cada posición durante unos cinco segundos, desplazando suavemente a lo largo de la columna ambas manos, como si estuvieran pegadas.

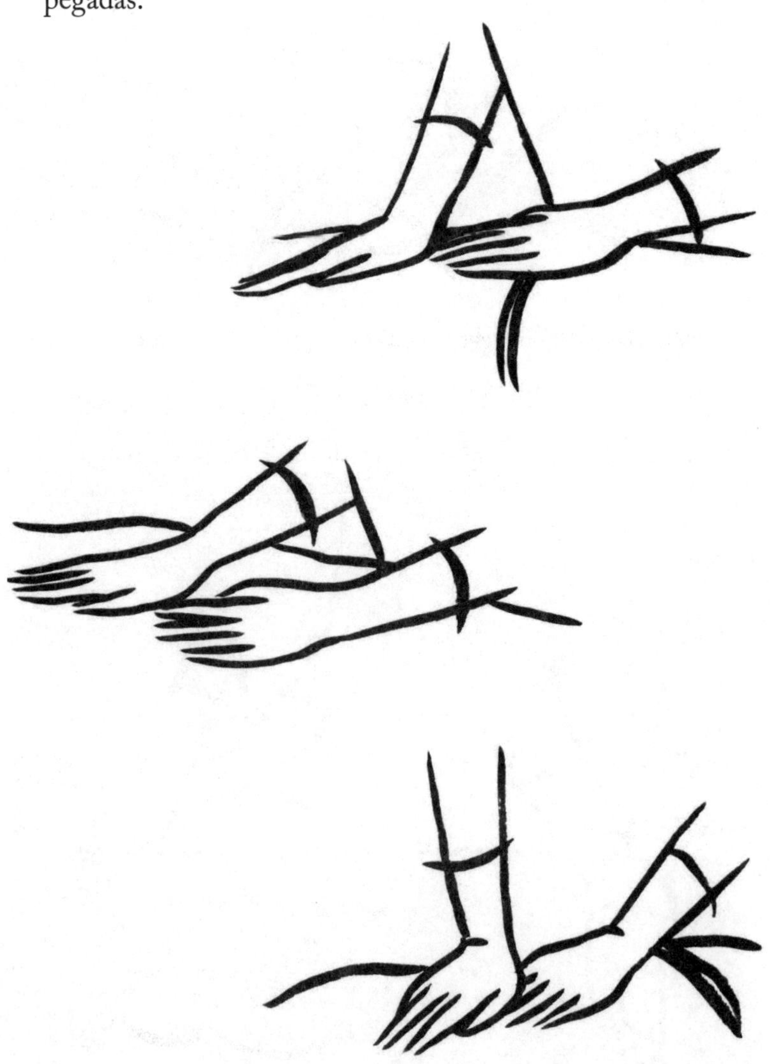

Deberías finalizar esta acción con una mano en el cuello del paciente y la otra encima de la corona de su cabeza.

Este método lleva energía hasta la cabeza a través de toda la columna, y si algún paciente se ha quedado dormido o adormilado como resultado del tratamiento de reiki, puede ayudarle a reanimarse y despertar.

Limpiar el campo de energía de la parte trasera

Finaliza la sesión barriendo el campo energético de la parte posterior del cuerpo, tal como has hecho en la parte delantera.

Después de aplicar el tratamiento

Sostén con una mano al paciente para asegurarte de que no se cae de la camilla y hazle saber con amabilidad que el tratamiento ha concluido. Ofrécele un vaso de agua, ya que es habitual que esta terapia produzca sequedad de garganta o boca. Infórmale de que la energía hará efecto en su cuerpo durante los siguientes días y que debería beber agua para contribuir a la purificación.

Infórmale también de que tal vez se sienta un poco débil o inestable durante los días siguientes, pero que se trata de una respuesta normal a los tratamientos, ya que disipar la energía bloqueada puede provocar reacciones emocionales o físicas. Todo forma parte del proceso curativo.

Pregunta a tu paciente cómo se ha sentido durante la terapia y si cree que han mejorado o empeorado las zonas que se han atendido durante la misma. Toma notas sobre cómo se encuentra y también apunta qué has hecho durante la sesión para procurar su alivio. A mí me enseñaron que se precisan tres tratamientos consecutivos para beneficiarse del reiki, ya que su efecto es acumulativo y necesita crecer con el tiempo para ser de verdad eficaz.

Una vez finalizada la sesión es sumamente importante que pases un minuto a solas empleando el método *reiji hô* para conectar con los consejeros del reiki, con el reiki y con Usui. Pídeles que eliminen y limpien cualquier negatividad o energía extraña que hayas captado de tu paciente durante la terapia.

9

LOS TRATAMIENTOS DE REIKI DE MIKAO USUI

Sabemos que los métodos terapéuticos de Usui eran más abiertos, fluidos e intuitivos que las técnicas un tanto formales que enseñan los maestros occidentales. Al igual que muchos sanadores espirituales de otras disciplinas, Usui contaba con el universo para obtener ayuda y orientación. Su método de enseñanza reflejaba este carácter abierto, por consiguiente, ofrecía sugerencias diferentes en cuanto al método a seguir según el estudiante y en función de su intuición, capacidad para dejarse aconsejar y atención a la energía espiritual.

Usui empleaba cinco posiciones para la cabeza en vez de usar posiciones para todo el cuerpo; es posible que quieras probarlas como experimento. Utiliza estas posiciones como punto de partida y luego permite que tus manos se desplacen, guiadas por la orientación espiritual, hasta otras zonas del cuerpo que el reiki quiera curar. Puedes incluso sentarte completamente inmóvil y valerte solo de la meditación para visualizar las manos restableciendo cualquier área. Fíjate en si percibes el flujo de reiki entre tu plano sutil y tu cuerpo físico.

Estas cinco posiciones especiales de Usui tienen relación con el Bodhisattva Binzuru, un veterano discípulo de Buda reconocido por sus aptitudes sanadoras. Cada una de ellas es un *mudra* (sello de energía) de Binzuru, y dicen que al adoptar estos *mudras* con las manos se invocan los poderes sanadores de Binzuru a nivel inconsciente.

Las cinco posiciones de manos originales de Usui

1. Ponte de rodillas en postura *seiza* (apoyando las rodillas con una separación de dos manos aproximadamente). Tu peso debería distribuirse de forma uniforme sobre tus nalgas, no demasiado retrasado ni adelantado sobre las piernas. Otra posibilidad es sentarte en una silla.

2. Empieza por la cabeza y aplica las cinco posiciones, aguantando en cada una durante cinco minutos al menos.

3. Todos los canales de energía descienden de la cabeza hasta el tronco desde donde se reparten, por lo tanto, al tratar la cabeza puedes recibir una sanación corporal completa.

4. Cuando hayas finalizado el tratamiento de la cabeza, déjate llevar por la intuición para tratar otras partes corpo-

rales. Emplea el método *reiji hô* para incrementar la orientación intuitiva.

Cinco posiciones curativas

Zentô bu: **La parte alta de la frente en el nacimiento del pelo**

Sokutô bu: **Ambos lados de la cabeza en las sienes**

Kôtô bu: Tu frente y la parte posterior superior del cráneo;
trata ambas áreas al unísono

Enzui bu: La parte posterior de la cabeza donde se unen columna
y cráneo

Tôchô bu: La parte alta de la cabeza en la corona

10

EL PRIMER GRADO DE REIKI: *SHODEN*

Hay tres niveles de reiki, a los que en Occidente llamamos «grados». Además existe un cuarto grado para aquellos con aptitudes para convertirse en maestros. Cada grado te permite adquirir un conocimiento más profundo y técnicas enfocadas a la sanación y la conciencia espiritual, proporcionándote una base con la que trabajar mientras el estilo de reiki se desarrolla. También te concede tiempo para apreciar lo que has aprendido en cada fase de aprendizaje; cada grado te da una idea de los otros niveles a medida que progresas.

En Japón el primer grado se denomina *shoden*, que significa «nivel de principiante». Para el estudiante supone una introducción a los canales reiki y al despertar de los mismos. Los métodos de Usui hacen hincapié en que los estudiantes reciban muchos empoderamientos *reiju* para despertarlos al reiki. El empoderamiento o activación es lo que abre y crea un canal que te conecta con el reiki. Una vez has recibido los empoderamientos, se te facilitarán métodos específicos para reforzar tu conexión y permitirte cultivar el reiki. Este nivel tiene que ver con la purificación, la autocuración y la enseñanza de los conceptos básicos curativos.

En Occidente, el primer nivel reiki suele enseñarse por lo general en el transcurso de dos días, con diez a doce horas de formación. Cuando yo imparto este grado, empleo ejercicios tomados directamente de los orígenes japoneses que aprovechan las tradiciones místicas de Japón, pero también utilizo un enfoque occidental para que les resulte a mis alumnos más asequible.

Abriendo tu corazón

Es importante abrir el corazón y el alma a Usui, al reiki y a la fuente de reiki.

El linaje del reiki remite a los primeros descubridores del sistema y a quienes lo desarrollaron. Uniéndote mentalmente a ellos comienzas a construir una relación que funde los bloqueos en tu corazón y permite que fluya la energía, la sanación y la orientación intuitiva a través de ti con potencia y claridad. Es importante desarrollar una relación con el reiki, con Usui y la fuente del reiki, ya que esto te abrirá a energías más elevadas y a la paz, la dicha y la orientación espiritualmente intuitiva que te llevará más allá de los confines de la mente. Antes de una meditación o de ofrecer un tratamiento reiki, pide ayuda al linaje reiki para que aporte a tu cuerpo los niveles más elevados de energía y te permita así sanar a la persona que ha pedido tu ayuda. Acabarás entendiendo que no eres tú quien lleva a cabo la sanación; más bien el linaje y la fuente del reiki operan a través de tu cuerpo una vez te entregas a su amor, luz y gentileza.

Me enseñaron que el reiki protege a los sanadores mientras aplican tratamientos; de este modo, no captan el karma de sus pacientes ni durante el tratamiento ni después del mismo. Algunos de mis alumnos y yo mismo somos sensibles a las energías de algunos de nuestros pacientes, de modo que percibimos y experimentamos su dolor físico y emocional tanto durante la sesión como durante cierto tiempo tras el tratamiento. Esto es algo pasajero, pero recomiendo eliminarlo de inmediato. Conecta con el linaje, con Usui, con Buda y el reiki, ya que esta conexión diluye y difumina los diversos karmas con los que estamos en contacto durante la terapia y después de ella. Sugiero que establezcas esta conexión al final de cada sesión. Durante unos minutos reza mentalmente y pide al reiki que te libre de las energías del paciente. Si unos minutos no son suficientes, continúa conectado hasta que te sientas mejor.

Protegerte

Deberías intentar practicar esta meditación a diario. Una vez acabes de meditar, pide mentalmente ayuda para tus propios problemas y tensiones. Si tienes preguntas relativas a problemas propios, pide recibir respuestas.

Aunque tengas la impresión de que solo pronuncias unas palabras sencillas, de hecho diriges tu alma y corazón hacia el linaje reiki e invocas la ayuda y orientación necesarias. Si estableces una relación con el reiki y su fuente, y miras en esa dirección, el reiki se fijará en ti y te prestará atención. Si no sucede nada, no te preocupes, sencillamente establece la conexión con el reiki, abre tu corazón y pide que te libre de las energías no deseadas de tus pacientes. Ten fe en ti mismo y paciencia con este método, ya que las dudas pueden interferir en el mismo. Si abres el corazón al linaje, el vínculo se fortalecerá y los corazones del linaje reiki se llenarán de amor.

Autotratamientos

La limpieza de veintiún días mediante las doce posiciones de manos autocurativas hará aflorar tus propios problemas mentales, espirituales, emocionales y físicos, y permitirá al reiki operar a través de tus canales, tu campo energético y tu cuerpo. Es posible que experimentes todo tipo de síntomas buenos y malos durante la autosanación. Las experiencias buenas y malas despiden emisiones de luz en tu conciencia, pero es el nivel de luz lo que aporta definición.

Soltar la oscuridad permite que la luz fluya a través de ti con más facilidad, revelando finalmente la luz dorada que hay debajo. Cuando los traumas personales afloran durante un tratamiento o después del mismo, no los consideres algo negativo; en vez de ello, acéptalos como momentos valiosos que te permiten adquirir conocimiento, iluminación, comprensión y experiencia a lo largo del camino espiritual de la curación y la verdad. No cabe duda de que estas experiencias no justifican abandonar la terapia.

Aplicar tratamientos reiki

Otro aspecto interesante acerca del reiki es que no pierdes nada por aplicar una terapia de sanación, ya que mientras curas a los demás también te curas a ti mismo. Tu corazón se abre a lo divino y fluye mucha compasión y amor a través de ti y de tu paciente.

Sanar con reiki es un proceso con el que todo el mundo sale ganando. Aunque la dolencia del cliente no se cure, ambas almas crecen a través de esa luz. El reiki te lleva más allá de la curación del cuerpo hasta un plano más elevado en la sanación del alma. Cuando el cuerpo muere, el alma retiene los dolores y las impresiones de su vida en la tierra, llevándose estos elementos al siguiente nacimiento, para ponerlos en práctica en la próxima vida. Es el dolor de este ser lo que se trata con el reiki, y eso lleva finalmente al individuo a lo «universal», para que pueda trascender el cuerpo y este mundo, pero siguiendo en él.

Meditaciones

Las meditaciones y las técnicas especiales de respiración esbozadas en este libro pueden llevarte a un estado de autorrealización. Con una práctica prolongada, disciplinada y comedida de los métodos reiki, se funden capas graduales de la personalidad o ego. Entonces eres capaz de empezar a vivir tu vida de acuerdo con el alma que habita en tu cuerpo y puedes caminar sobre la tierra, experimentar tus deseos y realizar tu *dharma* (el beneficio kármico que recibes por hacer el bien).

Tal vez reconozcas las verdades espirituales mientras realizas tus actividades cotidianas, por ejemplo, cuidando a tus niños, en tu trabajo o dedicando tiempo a tus seres queridos. Todos son momentos válidos que te ofrecen una oportunidad perfecta para practicar el despertar espiritual mientras continúas plenamente presente y consciente de cada acción, pensamiento y emoción.

11

EL SEGUNDO GRADO DE REIKI: *OKUDEN*

El segundo grado del reiki se denomina *okuden*, término que significa «conocimiento interior». En Japón, la enseñanza de este nivel se divide por lo general en dos partes: *kenki* (primera) y *kouki* (segunda), las cuales se imparten a lo largo de muchos años. En Occidente, sin embargo, el segundo grado se enseña en dos días durante un curso que puede abarcar entre diez y doce horas de enseñanzas.

Considero estas enseñanzas interiores como una introducción a la ciencia del reiki. En este grado te proporcionan herramientas y técnicas útiles para comprender y sanar problemas del pasado, tales como los relacionados con emociones, hábitos mentales y anhelos. Además, aprendes un método para enviar energía beneficiosa a tu futuro. Te ofrecen recursos que ayudan a purificar tu alma, pudiendo sentirte uno con las energías de la tierra y el cielo, y experimentar de verdad un estado de unidad.

Símbolos del reiki: *shirushi hô*

Métodos como el *shirushi hô* (el método de símbolos) te permiten acceder a cualidades y energías específicas al concentrarte en un símbolo sánscrito o carácter *kanji*. La acción de dibujar el símbolo correctamente libera su energía, y su vitalidad se refuerza al repetir su nombre una cantidad concreta de veces. Esto te permite incrementar la cantidad de energía espiritual.

Este libro no va a revelar los símbolos sagrados del reiki, ya que solo puede transmitirlos un maestro durante la formación. No obstante, una manera de emplear el método de los símbolos consiste en concentrarse en los caracteres *kanji* que conforman el término reiki. El símbolo se divide en dos partes: la superior representa *rei*, que significa «espiritual» o «alma», y la inferior representa *ki*, «energía», y consiste en las fuerzas vitales de la tierra y el universo. Así es como los caracteres del «reiki» se habrían dibujado en la época de Usui, aunque la mayoría de estudiantes hoy en día estarán acostumbrados a la forma moderna.

Los símbolos reiki pueden emplearse como punto central para la meditación, porque este proceso recurre al vasto océano del reiki. Concentrarte en el símbolo y repetir un mantra canalizará una energía divina más elevada, algo que te trasladará a estados superiores de conciencia. Un único baño en el vasto océano espiritual puede ser suficiente para alcanzar la autorrealización; esta comprensión está disponible para todos aquellos que la buscan.

En este momento puedes optar por concentrar tu atención en alguien que necesite curarse. Limítate a tener presente a esa persona y deja que la energía fluya como precise, dejando que el reiki circule a través de ti. Serás capaz de dirigir el flujo de reiki allí donde sea necesario, pero ten presente que en cierta medida la conciencia reiki se hará cargo, hará lo necesario por la persona en la que te estás concentrando. Los símbolos pueden utilizarse como herramientas de curación para ti y para los demás. Son los puentes de luz que llevan la conciencia individual hacia la universal.

Rei = espiritual

Ki = energía

Mantras del reiki: *jumon* y *kotodama*

Trabajarás con *jumon* (mantras) y *kotodama* (espíritu de la palabra). En ambos casos son palabras sagradas que crean y despiertan los canales de energía en tu interior. Contienen ciertas energías, estados espirituales elevados y verdades espirituales. A través del proceso de apertura de tu corazón y la repetición de los mantras, se levanta gradualmente el velo ilusorio de este mundo, llevándote progresivamente a estados superiores de claridad y verdad espiritual. Los mantras son como una cuerda que sujetas para salir del oscuro bosque, llevándote de regreso a casa, al yo verdadero, a la felicidad, al amor y al conocimiento espiritual. Con cada repetición de un mantra elegido, te ayudas con la cuerda para avanzar, sin saber exactamente adónde vas, aunque sientes el impulso de ir hacia ahí. Pero no te des por satisfecho, en todo momento debes mantener el corazón abierto, la concentración y la fe, sin olvidar tu objetivo mientras repites el mantra.

Ejercicios para meditar y respirar

Las técnicas de meditación y respiración que te enseñaron en el primer grado de reiki se amplían en el segundo nivel, incorporando otros aspectos que crean un método llamado *hatsurei hô*. Es un ejercicio muy poderoso que permite ser más sensible al reiki. Te abre aún más los puntos energéticos en corazón y manos, volviendo a armonizar mente, cuerpo y emociones. Purifica y empodera el alma, y tu estado mental tiene un sentido.

Curación a distancia

Esta curación resulta útil cuando quieres ayudar a alguien que no puede acudir a ti en persona, y también sirve para enviar energía orientada a sanar traumas de tu pasado. Hay varias maneras de hacerlo. En el segundo nivel de reiki emplearías el símbolo de curación a distancia. Este símbolo actúa como puente entre el tiempo y el espacio, vinculando al curador con la persona receptora de la sanación. Aunque se trata de un método avanzado para algunos estudiantes de segundo grado, yo voy a enseñarte un método terapéutico a distancia más sencillo.

Un método sencillo de sanación a distancia

1. Expresa de corazón tu deseo de conectar con el linaje reiki, con Mikao Usui, con los orientadores del reiki, con Buda y la fuente de reiki. Al hacerlo, la energía del linaje protege y ayuda a sanador y sanado con las intenciones más elevadas.

2. Mira una foto de la persona a la que deseas enviar sanación.

3. Con las palmas orientadas hacia la foto, dirige y proyecta tu energía, sintiendo la confianza en tu corazón de que la energía fluirá hacia la persona que tienes en mente para proporcionarle el máximo beneficio.

4. Cuando hayas acabado, piensa que el reiki está finalizando.

5. Agradece mentalmente a quienes han colaborado en la curación, por ejemplo, los orientadores del reiki o seres espirituales.

Suele ser útil practicar primero con familiares y amigos hasta dominar la curación a distancia. Ejercita esta técnica reiki con algún amigo o miembro de tu familia que se encuentre en otra habitación, echado en un sofá o en una cama. Si esta persona no vive contigo, acuerda por teléfono una hora establecida de inicio y final, y pídele que se tumbe para que esté relajada durante la sesión. Podrías incluso concentrarte en puntos particulares de su cuerpo durante la terapia. Sé creativo al practicar este método y observa cómo evoluciona.

12

EL TERCER GRADO DE REIKI: *SHINPIDEN*

El tercer grado de reiki se denomina *shinpiden*, que significa «conocimiento misterioso» en japonés. En tiempos pasados, los alumnos recibían empoderamientos *reiju* más elevados y profundos para despertar y reforzar su conexión con la fuente reiki. A los estudiantes se les enseñaba un cuarto símbolo reiki, que acabó conociéndose como el «símbolo de maestría».

En este grado se sobreentendía también que el estudiante deseaba convertirse en maestro. En Occidente, este grado se alteró para que los estudiantes recibieran este nivel particular de energía enfocado a su crecimiento personal y a la sanación de los demás sin necesidad de convertirse en maestros de reiki.

Maestro de maestros: *shihan*

El nivel de maestría se conoce como *shihan*, que significa «profesor». Es lo más alto que se puede llegar hoy en día en el reiki, aunque hay especialistas de esta disciplina que consideran que se nos revelarán más cosas en el futuro.

En este grado aprendes a abrir al reiki los canales de tus estudiantes, y también serás capaz de responder a sus preguntas y ocuparte de sus reacciones en un entorno controlado, relajado y seguro. El nivel de maestría tiene que ver con «convertirse» en la energía, vivirla y permitir que fluya en ti y dirija tu vida en este planeta. Es un nivel de entrega gradual y disolución del ego.

Por desgracia, en Occidente el simple hecho de contar con las palabras «maestro de reiki» asociadas a tu nombre parece ser uno de los mayores deseos y una verdadera consolidación de muchos egos. La palabra «maestría» en relación al reiki hace referencia a estudio y práctica constantes. Alcanzar este nivel de reiki y recibir el título de «maestro» no es un resultado final en sí, sino el inicio de un viaje más profundo. La verdadera maestría tiene que ver con la entrega interior y la comprensión de la verdad, no con alimentar en exceso el propio ego basándose en un título que luce mucho.

13
MÉTODOS DE REIKI

Entre los métodos de reiki se incluyen la meditación y los ejercicios de respiración, empleados para avanzar en tu intuición, despertar espiritual, actitud distanciada, atención constante y verdad espiritual. A continuación esbozo algunas técnicas impartidas y practicadas a lo largo de todos los niveles de reiki, con objeto de lograr el despertar y la sanación espirituales. Expongo algunos métodos con suficiente detalle como para practicarlos; otros resultan demasiado complejos para incluirlos en un libro de este tipo. Así pues, he decidido ofrecer tan solo información suficiente para contar con una noción de los mismos.

Reiji hô significa «indicio del espíritu». Consiste en rezar, pidiendo que el reiki te oriente a lo largo del día, durante los tratamientos y en tu práctica personal. Este método conecta la energía reiki con tu corazón y te permite transmitirla a través de las manos y el ojo espiritual o tercer ojo.

Gasshô significa «dos manos juntándose en el corazón». También se denomina «postura de oración» en muchas tradiciones reiki. Tal postura genera reiki, y te permite distanciarte de tu mente. Refuerza la intuición y equilibra los polos positivo y negativo en tu cuerpo, creando una mente sosegada y una unidad del ser.

Jôshin kokyû hû es un ejercicio de respiración, y significa «método espiritual de respiración» o «ejercicio de respiración para purificar el espíritu». Este ejercicio genera una gran cantidad de reiki dentro y fuera de ti. Limpia y purifica el cuerpo, las emociones, la mente y el campo de energía, expandiendo de este modo la conciencia.

Hara mokunen es un método que ayuda a concentrar la mente en el abdomen inferior. *Hara* es una zona o centro energético, y *mokunen* significa «concentración e intención espiritual». Esta técnica genera grandes cantidades de reiki y aporta equilibrio y paz.

Kenyoku hô significa «baño seco» y es una técnica para purificar el alma y observar con distancia pensamientos y emociones.

Kotodama se traduce como «espíritu de la palabra». Cada palabra contiene vibraciones energéticas y divinas específicas, y se entona de forma repetitiva con sentimiento y devoción, siguiendo una pauta específica de respiración. Te abrirá al reiki y a cualidades espirituales concretas.

Shirushi hô es un método que emplea símbolos místicos antiguos para producir ciertas cualidades espirituales y energéticas que deseas desarrollar en tu interior.

Hatsurei hô o «método generador espiritual», te permite generar una gran cantidad de reiki en el cuerpo y en torno al mismo. Abre canales específicos de energía, cultiva tu corazón y tu mente, y expande la conciencia.

Makoto no kokyu significa «aliento de verdad». Es un método autocurativo que utiliza ejercicios de *kiko*, respiración, meditación, *kotodamas* y *mudras* (gestos con la mano). Esta técnica se practica para producir cantidades importantes de «*ki* dorado» dentro del cuerpo y a su alrededor, distinguiendo el *hara* inferior del abdomen y concentrándose en el mismo.

Reiju significa «bendición o regalo espiritual». Los empoderamientos *reiju* se emplean para iniciarte y capacitarte en el reiki, así como para despertarte espiritualmente y abrir tus canales de energía. Pueden propiciar estados profundos de paz y dicha. Es posible que experimentes el karma o lo liberes durante el empoderamiento y después del mismo, ya que forma parte del proceso de purificación. Se puede invocar el *reiju* y experimentarlo durante la meditación con objeto de ayudarte a reforzar tu práctica personal.

Practicando los métodos de reiki

Los siguientes métodos te permitirán familiarizarte con el estudio del reiki y echar a andar por el camino espiritual.

Cuando practicas alguno de estos métodos, accedes a una energía espiritual elevada que saca a la superficie energías de niveles inferiores más densas. Es posible que reacciones sintiéndote enfadado, rencoroso, infeliz o desconcertado. Quizá de pronto te encuentres recordando heridas del pasado. La técnica *gasshô* te ayuda a observar con distancia tales reacciones. Limítate a experimentar las sensaciones sin juzgar o reaccionar. Por ejemplo, si te invade la tristeza, no te detengas demasiado en ella ni la analices; acéptala consciente de que pasará y de que tu verdadera naturaleza es la dicha, no aferrarte a la tristeza ni a cualquier otra emoción vaga que surja en ese momento. No dejes de meditar ni estudiar reiki, ya que pronto serás capaz de hacer frente a estas sensaciones a medida que crece tu fuerza interior.

Si dejas de practicar ahora, siempre asociarás el reiki a la tristeza, la depresión o el dolor, lo cual sería una pena terrible. Supera esta fase, y sobre todo ten paciencia y sé benevolente contigo mismo y con tus pacientes.

Enumero los siguientes métodos según el orden recomendado para su práctica, ya que el poder crece a medida que avanzas. Este orden te facilita un sistema seguro para progresar.

Postura de meditación

En Japón practican esta técnica sentados de rodillas en postura *seiza* (sentado correctamente). Puedes optar por sentarte en la postura del loto, con las piernas cruzadas y los pies sobre cada muslo con las plantas hacia arriba. Si experimentas cierto agarrotamiento o no estás acostumbrado al ejercicio, siéntate erguido sobre el extremo de una silla con la espalda recta sin tocar el respaldo, o bien siéntate con las piernas cruzadas pero sin forzar la postura.

1. Ponte de rodillas en la postura *seiza*, con los pies debajo del cuerpo, dejando unas dos manos de separación entre las rodillas. Deberías tener el cuerpo distribuido uniformemente sobre las nalgas, ni demasiado retrasado ni adelantado sobre las piernas.

2. Coloca las palmas de las manos sobre los muslos.

3. Deberías mantener la columna recta, como si flotara mediante un hilo dorado sobre tu cabeza que entra por la corona y desciende por el centro del cuerpo hasta detenerse en el *hara* (abdomen inferior), donde se ubica el *tanden* (punto de energía).

4. Baja un poco la barbilla y fija la mirada en el suelo ante ti, a poca distancia, no más de un metro. Deberías mantener la mirada relajada, con los ojos entrecerrados.

5. Concentra la mente en las ventanas de tu nariz mientras inspiras y expiras. Esto tendrá un efecto calmante sobre tu mente.

Reiji hô

El término *reiji hô* significa «indicio del espíritu». Es un método para atraer la conciencia del reiki al *tanden* (punto de energía) superior y afianzarlo en tu corazón, abriéndote a una orientación intuitiva espiritual y superior. Era el centro del sistema *teate* de Usui (curación manual de Usui), basado en operar intuitivamente sobre una persona dejándote llevar por la orientación espiritual. Puedes permitir que te oriente en múltiples cometidos, desde situaciones cotidianas hasta la meditación y sanación, o guiándote a lo largo del camino espiritual. Existen muchos métodos diferentes de *reiji hô*. El método descrito aquí es una versión ampliada de las técnicas tradicionales que se concentran solo en el *tanden* superior o en el *tanden* medio.

1. Este método puede practicarse de pie, sentado en la postura *seiza* o en cualquier otra posición cómoda.

2. Lleva tus dos manos hasta el corazón con las palmas juntas en posición de oración (*gasshô*). Pronuncia mentalmente: «Ahora empieza el *reiji hô*» o «Ahora está comenzando el reiki».

3. Pide mentalmente al reiki que entre en tu corazón, y luego percibe la energía y conexión que permite fluir al reiki desde tus manos y tu corazón. Di: «Abro mi corazón y alma al reiki. Por favor, lléname de amor, luz, compasión y actividad iluminada».

4. Mantén las manos juntas en posición de orar, pero desplázalas hasta la garganta para sentir el flujo de energía y conexión del reiki tanto en tus manos como en tu garganta. Pronuncia mentalmente: «Por favor, lléname de la luz reiki al hablar y oriéntame con expresiones compasivas, amorosas e iluminadas».

5. Con las manos aún en posición de orar, acércalas a tu ojo espiritual, ubicado entre las cejas. Percibe el flujo de ener-

gía y la conexión entre tus manos y tu ojo espiritual. Mentalmente repite: «Por favor, llena mi ojo espiritual de reiki y guíame por mi camino espiritual sobre la tierra».

He aquí cuatro ejemplos de propósitos que puedes expresar mientras mantienes las manos en el corazón o en el ojo espiritual.

Abro mi corazón y alma al reiki.
Por favor, guíame por el camino espiritual.

Reiki, llena por favor mi corazón y alma,

y oriéntame en esta curación.

Reiki, llena mi corazón y alma,
y guíame sobre la tierra en paz y amor.

Reiki, llena mi corazón y alma,
y guíame para poder cumplir con mi objetivo en la tierra.

6. Con tus manos aún en posición de oración, desplázalas cuidadosamente hacia abajo de nuevo, dejándolas ante tu corazón, y di mentalmente: «Ahora está acabando el *reiji hô*».

Gasshô

El método *gasshô* se introduce durante el primer grado de reiki; significa «dos manos uniéndose en el corazón». Suele emplearse conjuntamente con otros muchos ejercicios, incluido el empoderamiento *reiju*, que abre, capacita y refuerza tu conexión con el reiki. Es una técnica de meditación muy importante que emplea el antiguo gesto de la mano asociado a Kannon, que significa «el buda caritativo», y a Dai-Seishi Bosatsu, «el buda de la sabiduría».

Este gesto de la mano aporta ciertos estados de conciencia y cualidades representadas por Buda. Abre y equilibra muchos canales energéticos en el cuerpo y a su alrededor. La mente se usa conjuntamente con la postura de mano para concentrarse en el pulso de los dedos. Esto permite que el reiki se acumule en ti y a tu alrededor mientras tu mente está concentrada.

1. Arrodíllate con los pies recogidos bajo el cuerpo en la postura *seiza* o en cualquier otra posición cómoda. Piensa en que el reiki comienza a fluir. Afírmalo mentalmente una vez te encuentres sentado confortablemente.

2. Junta las manos en postura de oración, y colócalas en el centro de tu pecho (esternón), donde se ubica el *tanden* medio.

3. Toma conciencia del delicado pulso en la punta de ambos dedos medios.

4. Permite el ir y venir de todos tus pensamientos, de este modo te conviertes en un mero observador, distanciándote de tus ideas.

5. No juzgues ninguno de tus pensamientos; limítate a verlos pasar, y mantén la concentración en el pulso de tus dedos medios.

6. Si tu mente se distrae, vuelve a centrar la atención una vez más en el pulso de los dedos.

7. Practica este método durante diez o quince minutos.

Sensaciones y experiencias

Durante esta meditación, puedes sentir fatiga en los brazos, ya que no están habituados a este gesto, pero con el tiempo se pasará. También advertirás la cantidad de «cháchara» que genera tu mente; este método es lo que necesitas para detener tal proceso. Es posible que se te calienten las manos y sientas hormigueos, y percibirás un aumento de temperatura en el interior de tu cuerpo que te sobrevendrá en oleadas o sofocos. Mientras te concentras en el pulso de las puntas de los dedos tal vez adviertas que todo tu cuerpo palpita sincronizado. Con el tiempo tu intuición se verá reforzada.

Este ejercicio hará que te sientas calmado y en armonía. Si después sientes calor y emociones, considera que es algo que se remitirá cuando se desbloqueen tus canales de energía. Se trata de un trastorno emocional temporal en el camino hacia el equilibrio. Puedes experimentar distanciamiento y momentos de quietud y paz profunda.

Jôshin kokiû hô

El nombre de este método significa «método espiritual de respiración». Se emplea para atraer energía espiritual al cuerpo a través de la corona de la cabeza, con objeto de que fluya por todo el organismo y más allá del cuerpo, en todas direcciones. El propósito es dotarle de espiritualidad y purificarlo, al igual que el campo de energía y el alma. Este sistema generará grandes cantidades de energía espiritual dentro del cuerpo y a su alrededor, y expandirá tu conciencia. También aporta sosiego mental y sirve para despejar el espacio interior, dejándote en un estado de vacío que te permita ver y reconocer el verdadero espíritu.

1. Arrodíllate con los pies recogidos bajo tu cuerpo, o en cualquier otra postura que te resulte cómoda, manteniendo siempre la espalda recta.

2. Apoya las manos en los muslos, con las palmas hacia arriba. Piensa en silencio que el reiki se está iniciando.

3. Centra la mente en un punto sobre la corona de tu cabeza.

4. Respira con naturalidad por la nariz.

5. Cuando inspires, visualiza un chorro dorado de energía entrando en tu corona y llenando el cuerpo.

6. Haz una pausa de un par de segundos para visualizar y sentir la energía lumínica inundando tu cuerpo.

7. Cuando exhales, visualiza y percibe los rayos de luz expandiéndose a través del cuerpo y más allá, en todas di-

recciones y tan lejos como te lleve la imaginación (por ejemplo, por tu calle, por el espacio, el universo y así sucesivamente).

8. Durante esta exhalación y visualización puedes sentir cómo se disuelven todas las tensiones. Relájate mientras exhalas.

9. Repite este método al menos dieciséis veces.

10. Para finalizar, piensa en silencio que el reiki concluye ahora.

Este método provocará una sensación de espacio interior y paz. Notarás tu piel más fresca, suave y tersa, como revestida por una capa de energía espiritual. Aunque mientras practiques esta técnica se acumule una gran cantidad de calor interno, es posible que después tu cuerpo sienta frío. Se debe a que la postura sentada, la respiración y la visualización crean reiki y lo almacenan en el cuerpo.

Una vez concluyas y te pongas de nuevo en movimiento, la energía se desplazará a través de tu cuerpo y alrededor del mismo, provocando una sensación de frío. Te sentirás limpio de verdad por dentro y por fuera mientras el alma se inunda de energía espiritual.

Respiración *hara*

Centrarse en el *hara* (centro energético en el abdomen inferior) te permite buscar el equilibrio y distanciarte de cualquier emoción o situación que haga peligrar tal armonía. Si un exceso de energía provoca malestar mental, físico o emocional, concéntrate en esta zona y la energía regresará a su «almacén», allá donde no pueda ocasionar daño. Esta zona permite hacer acopio de grandes cantidades de energía; también es la encrucijada donde se unen muchos canales energéticos. El reiki puede acumularse aquí, produciendo un aumento gradual que irá subiendo por la columna hasta llegar al cerebro, pasando a través de los puntos bajos, medio y superiores. Esto provoca situaciones de despertar espiritual. Las manos colocadas en este punto llevarán el reiki a través de las palmas hasta el interior del *hara*.

1. Arrodíllate con los pies recogidos bajo tu cuerpo en postura *seiza* o cualquiera de las otras posturas recomendadas.

2. Enfoca la mirada suavemente con los ojos entrecerrados y mira hacia el suelo a un metro de distancia aproximadamente por delante de ti. Otra posibilidad es cerrar del todo los ojos.

3. Di mentalmente: «Ahora empieza el reiki».

4. Para calmar tu mente, centra la atención durante unos minutos en las ventanas de tu nariz mientras inspiras y expiras.

5. Coloca la palma derecha sobre el *hara* inferior y la mano izquierda encima de la derecha.

6. Concentra la mente en el punto interno correspondiente a la ubicación de las manos en tu *hara* inferior.

7. Mientras respiras con naturalidad por la nariz, mantén la atención en el *hara* inferior, y toma conciencia del suave movimiento en tu abdomen expandiéndose con las inspiraciones y contrayéndose con las exhalaciones.

8. Practica este método durante diez o quince minutos.

CONCLUSIÓN

A lo largo de este libro he intentado ofrecer una explicación sencilla de un sistema espiritual de sanación y meditación cuya popularidad sigue aumentando día a día. Su origen se halla en la pureza nada recargada del misticismo japonés. El reiki ha sido adaptado por varios movimientos Nueva Era y por una variedad de creencias que lo han atenuado, pero en la actualidad el modo en que se plantea está volviendo a sus principios y mucha gente regresa a las raíces japonesas. Este libro pretende ofrecerte el sistema de meditación y curación inspirado directamente en las enseñanzas niponas.

Este texto te proporcionará una base sólida y te iniciará en la mayoría de enseñanzas del primer nivel, llamado *shoden*. Las meditaciones y ejercicios de respiración del reiki deberían servirte para centrar la mente, desarrollar y expandir el reiki, y además —un beneficio muy importante— deberían ayudarte a apartarte del ego y a distinguir tu identidad espiritual. Todavía más importante, el reiki es algo para todo el mundo, no tiene en cuenta experiencia, raza, fe o posición. Todos quienes adopten esta práctica desarrollarán paz, amor y verdad espiritual, pues estas cualidades fluyen de forma natural desde la conciencia del reiki. Diez años de experiencia en su práctica me lo han revelado repetidamente como un sistema complementario que combina muy bien con otras artes curativas y otros sistemas espirituales.

Al parecer el reiki cuenta con la capacidad de aliviar el sufrimiento que tanta gente experimenta en sus vidas, llevándoles a un lugar que yo llamo «felicidad verdadera». Se trata de un espacio en el corazón que se encuentra en el punto de contacto entre la felicidad y la tristeza, un estado duradero e incondicional de conciencia. Ojalá encuentres esta felicidad verdadera a través de la práctica prolongada de los métodos descritos en este libro, ofreciéndote al mundo como instrumento para la curación y la inspiración.

Ecosistema digital

Floqq
Complementa tu lectura con un curso o webinar y sigue aprendiendo.
Floqq.com

Amabook
Accede a la compra de todas nuestras novedades en diferentes formatos: papel, digital, audiolibro y/o suscripción.
www.amabook.com

Redes sociales
Sigue toda nuestra actividad. Facebook, Twitter, YouTube, Instagram.

EDICIONES URANO